高等职业教育新形态精品教材

大学生职业生涯规划与就业指导

主　编　马晓龙

北京理工大学出版社
BEIJING INSTITUTE OF TECHNOLOGY PRESS

内 容 提 要

本书根据大学生职业生涯规划与就业指导的教学内容标准，并结合高校大学生学习发展的规律，将教学知识模块化，每个模块既可独立讲解，也可与其他模块合并系统学习。本书共分上篇（大学生职业发展与生涯规划篇）、下篇（辅导手册）两部分，主要包含职业生涯规划概况、自我认知、外部环境探索、职业决策、构建路径（学业规划）、就业指导、自我认知与管理、外部环境分析与目标决策、就业准备等多个单元，基本涵盖了大学生职业生涯规划与就业指导过程中所需要的各种知识与技能，并以项目化教学方式进行编写，充分体现做中学、学中做的特点，兼顾了本课程的普适化教学与个性化辅导的特色。

本书可作为高等院校生涯教育课程、职业规划与就业指导课程的教学用书，也可作为相关课程的辅导手册用书，还可供个人生涯发展用书。

版权专有　侵权必究

图书在版编目（CIP）数据

大学生职业生涯规划与就业指导 / 马晓龙主编. --北京：北京理工大学出版社，2024.4
　　ISBN 978-7-5763-4014-3

Ⅰ.①大… Ⅱ.①马… Ⅲ.①大学生－职业选择－高等学校－教材　Ⅳ.①G647.38

中国国家版本馆CIP数据核字（2024）第101940号

责任编辑：武丽娟　　　　　　**文案编辑**：武丽娟
责任校对：刘亚男　　　　　　**责任印制**：王美丽

出版发行	/ 北京理工大学出版社有限责任公司
社　　址	/ 北京市丰台区四合庄路 6 号
邮　　编	/ 100070
电　　话	/（010）68914026（教材售后服务热线）
	（010）68944437（课件资源服务热线）
网　　址	/ http://www.bitpress.com.cn
版 印 次	/ 2024 年 4 月第 1 版第 1 次印刷
印　　刷	/ 河北鑫彩博图印刷有限公司
开　　本	/ 787 mm×1092 mm　1/16
印　　张	/ 10
字　　数	/ 214 千字
定　　价	/ 48.00 元

图书出现印装质量问题，请拨打售后服务热线，负责调换

FOREWORD 前言

随着我国经济的快速发展，就业市场也随之发生了变化，催生出了诸多新行业、新工种，就业呈现多元性、复杂性的新形态。如何更好地面对市场变化，更有针对性地提升自己，找到更适合自己的工作，为国家为社会做出更多的贡献，成就更幸福的职业生涯，成为每一个大学生思考的问题。为了帮助大学生更好地进行职业规划和就业，我们编写了这本《大学生职业生涯规划与就业指导》教材。

本教材以提升大学生职业发展能力、促进学生充分就业和提高就业能力为目的，针对当前高等院校学生就业中存在的实际问题及痛点，从职业生涯规划、就业能力两大角度，以单元式的方式，按任务进行编写。教材内容设计从学生需求、学生发展规律及企业用人的视域，以企业对人才的能力、素质要求和人的全面发展要求进行编写，着眼于学用一体，将基本理论与学习发展、职业规划、职业素养、求职就业相结合，激发学生对专业学习的热情，使学生树立起正确的就业观和择业观，提高课程的实效性和针对性。教材内容以活页式进行呈现，图文并茂，易学、易懂、易掌握。内容组织上，简化理论内容，强调教材的可读性、易使用性。教材中所列案例大部分为学生就业真实案例，贴近学生实际，易引起学生共鸣，促进学生在就业态度层面的转变和生涯规划及求职技能等方面的提升。我们希望通过本教材的学习，大学生能够更加自信、从容地面对职场挑战，迈向成功的职业生涯。

在编写过程中，本教材注重理论与实践相结合，注重学用一体，使读者能够更直观地理解职业规划与就业指导的相关知识。同时，本教材还特别关注了大学生的心理健康教育和思政教育，以期帮助他们在学习与求职就业过程中保持良好的心态，为满足国家和社会需要积极努力学习，成就精彩职业生涯。

本教材适用于高等院校的在校大学生，我们衷心希望本教材能够为大学生的职业规划和就业提供有益的帮助，并祝愿每一位大学生在未来的职业生涯中取得辉煌的成就。当然，职业规划与就业是一个持续的过程，需要不断地学习和实践。我们也希望读者能够在使用过程中提出宝贵的意见和建议，以便我们不断完善教材内容，更好地服务广大学子。

编　者

CONTENTS 目录

上篇 大学生职业发展与生涯规划篇

学习单元一 职业生涯规划概况 …………………………………………………… 002

  任务1 职业生涯规划概念认知 …………………………………… 002

  任务2 认知职业生涯规划步骤 …………………………………… 010

学习单元二 自我认知 …………………………………………………………… 012

  任务1 自我认知概念探索 ………………………………………… 012

  任务2 兴趣认知与探索 …………………………………………… 014

  任务3 性格认知与探索 …………………………………………… 024

  任务4 价值观认知与探索 ………………………………………… 033

  任务5 能力认知与探索 …………………………………………… 038

  任务6 自我管理认知与探索 ……………………………………… 043

学习单元三 外部环境探索 ……………………………………………………… 051

  任务1 专业的深入思考与可行性拓展 …………………………… 051

  任务2 初探职业 …………………………………………………… 055

学习单元四 职业决策 …………………………………………………………… 060

  任务1 认知职业决策 ……………………………………………… 060

  任务2 了解影响职业决策的因素 ………………………………… 063

  任务3 掌握职业决策方法之CASVE循环分析法 ………………… 068

任务 4　掌握职业决策方法之职业决策五步法 ·· 072

学习单元五　构建路径（学业规划） ··· 076

　　　任务　撰写学业规划书 ·· 076

学习单元六　就业指导 ·· 079

　　　任务 1　求职准备 ·· 079
　　　任务 2　简历撰写 ·· 087
　　　任务 3　面试技巧 ·· 090
　　　任务 4　就业政策认知 ·· 094
　　　任务 5　掌握就业协议书与劳动合同的签订 ·· 100

下篇　辅导手册

实践单元一　自我认知与管理 ·· 114

　　　项目一　自我认知分析报告 ·· 114
　　　项目二　自我成长计划 ·· 129

实践单元二　外部环境分析与目标决策 ··· 136

　　　项目一　外部环境分析报告 ·· 136
　　　项目二　职业目标决策 ·· 145

实践单元三　就业准备 ·· 148

　　　任务 1　求职准备 ·· 148
　　　任务 2　简历的撰写与面试 ·· 150
　　　任务 3　面试技巧 ·· 151

参考文献 ··· 152

上 篇

大学生职业发展与生涯规划篇

学习单元一
职业生涯规划概况

> 一个人若是看不到未来,就掌握不了现在;
> 一个人若是掌握不了现在,就看不到未来。
>
> ——金树人《生涯规划与辅导》

任务1 职业生涯规划概念认知

活动名称 生涯度量

活动目的 盘点生命状态,认知职业生涯规划

活动材料 教师提前准备A4白纸制作生涯刻度尺(制作方法:将一张空白A4纸横向六等分,裁成6个长方形纸条,每个纸条再十等分,划分出十个空白格子后,依次在空白格中写下1~10、11~20、21~30、…、91~100)。

活动流程

第一步:准备好一张生涯刻度尺。

第二步:假如这个是你个人的生命(从0~100岁),接下来我们来玩撕纸游戏:

(1)请问你期待活到多少岁?

(把期待活到的岁数之后的纸撕掉,如果你的期待年龄并非整数,请在期待年龄所在区间找到对应的位置,然后撕下)

(2)请问你现在多少岁?

(找到当前的年龄,并将前面的纸撕掉)

(3)请问你计划多少岁退休?

(自己判断你期待退休的年龄,找到后将后面的纸撕掉)

纸就剩这么长了,这是你可以用来生活、学习和工作的时间。

(4)请问一天24小时你会如何分配?

(请将剩下的纸按照你的生活习惯分配成若干份,并撕下放在面前。如吃饭、睡觉时间占多少;上网等休闲时间占多少;学习工作时间约占多少等)

第三步：比比看。

（请用左手拿起代表学习和工作的部分，用右手拿起代表退休的那一段和刚才剩下的代表休闲、睡觉的那一段，左手的是学习和工作的时间，右手的是休闲娱乐、养老及其他非学习和工作的时间）

第四步：想一想。

我们学习的时间与有效的职业工作时间是无限多的吗？肯定不是，它是有限的！而学习质量与工作成效又对其他几个部分有着重大的影响。如何利用有限的学习和工作时间收获最大的成效？

启示：代表学习和工作的这一小段纸条，就是你能够用于职业生涯的时间，职业生涯的时间是有限的，在职业生涯发展中，每个人最宝贵的资源就是时间和生命，如何使用好有限的资源？那就是做好规划！这就是我们学习这门课程最重要的价值，职业规划就是帮助我们去研究怎样将每个人最宝贵的生命资源投放到我们的职业生涯发展中，从而获得更好的职业人生。

第五步：请认真阅读以下相关概念知识点。

一、职业的概念

根据中国职业规划师协会的定义：职业（Occupation）是性质相近的工作的总称，通常是指个人服务社会并作为主要生活来源的工作。在特定的组织内它表现为职位[即岗位（Position）]，我们在谈某一具体的工作（职业）时，其实也就是在谈某一类职位。每个职位都会对应着一组任务（Task），作为任职者的岗位职责。而要完成这些任务就需要这个岗位上的人，即从事这项工作的人，具备相应的知识、技能、态度等。中文词汇"职业"作为术语，有时指工作（集合名词），其概念与时代、社会经济水平有关。在一定时期有时包含社会地位的成分。

职业是指参与社会分工，用专业的技能和知识创造物质或精神财富，获取合理报酬，丰富社会物质或精神生活的一项工作。职业是人们在社会中所从事的作为谋生手段的工作；从社会角度看，职业是劳动者获得的社会角色，劳动者为社会承担一定的义务和责任，并获得相应的报酬；从国民经济活动所需要的人力资源角度来看，职业是指不同性质、不同内容、不同形式、不同操作的专门劳动岗位，如公务员、医生、教师、工程师、律师等。

二、生涯的概念

"生涯"（Career）原意是指双轮马车，引申为道路。在这里是指人生或人生的发展道路，也可以理解为个体一生的历程或发展。人生中的任何事件，均可以列入生涯的范畴内。

人的一生，根据年龄的不同要经历不同的人生阶段，包含童年、少年、青年、中年、老年等几个阶段。由于年龄的关系，个体也就显现出不同的各具特色的角色特点，不同年龄阶段对人生的影响自然也有轻重之分。毫无疑问，青年与中年阶段是人生的重要时期，因为人在一生中扮演着很多不同的角色，包括儿女、学生、公民、配偶、工作者、父母等诸多形形色色的角色，而青年与中年阶段是角色最为丰富的阶段。简单地说，"生涯"是从每个人出生到生命终止充当社会成员的过程，其中有我们的生活方式，我们的生活态度，我们的各种历程。这些经历与表现就连缀成了我们的生涯。

三、职业生涯的概念

所谓职业生涯，就是一个人一生中的职业经历，包括就业的形态、工作的经历及与职业相关的活动等，指的是一个人从职业学习开始到职业劳动最后结束的经历过程。广义上我们的职业生涯开始于任职之前的学习和一些相关培训，终止于退休。通常认为职业生涯不仅是我们谋生的一个过程，更是实现个人价值、追求理想生活的重要途径。职业生涯是一个动态的过程，无论什么工作、职位高低、所做贡献的大小及是否成功，每个工作者都有自己的职业生涯。我们也可以从以下几个方面更详细地理解职业生涯：

（1）职业生涯的内容具有多样性。每个人的职业经历不同，职业生涯的具体内容形式也不同，工作时间长短同时存在着差异，收入的多少也不尽相同。个人职业生涯具体情况不同，直接导致职业生涯的内容具有多样性。

（2）职业生涯存在着两面性。一方面，职业生涯指的是个人工作行为经历，是个人一生工作发展的过程；另一方面，个人的职业生涯往往会涉及个人与他人、个人与集体、个人与社会等其他因素的联系，涵盖了事物的方方面面。

（3）职业生涯的实质就是一个人一生的工作经历。不同的人有不同的工作经历，同一个人在人生不同的阶段、不同的时期工作经历也不同。但无论如何这是一个伴随着工作进程的行为，与人的工作经历同行。

四、职业生涯的典型特点

方向性：生活中各种事态的连续演进方向。
时间性：生涯的发展是一生中连续不断的过程。
空间性：以事业的角色为主轴，也包括与工作相关的角色。
独特性：每个人的生涯发展是独一无二的。
现象性：只有在个人寻求它时它才存在。
主动性：个体是生涯的主动塑造者。

五、职业生涯的发展阶段

随着时间的推移，个人职业观念的转变，知识的不断积累，职业生涯也随之发展成为不同的阶段。职业生涯是个人生活的重要组成部分，在其全部生涯中处于核心的地位。个人的职业追求、人生成就、对社会贡献的大小也是在经历了不同阶段而逐渐体现出来的。职业生涯阶段的划分是职业生涯规划的一个重要内容。因为对职业生涯准确地划分可以方便企业对员工的管理，提高工作效率，有效促进员工进行自我职业生涯管理，实现自我价值和组织目标。对个人来说，准确地把握职业生涯的发展规律进而明白自己所处的发展阶段，可以有效推进职业生涯规划的进程并加大其正确性。下面将具体介绍职业生涯的各个不同的发展阶段。

1. 成长阶段

成长阶段大体上可以界定在从一个人出生到14岁这一年龄段上。在这个阶段，个人最先通过对家庭成员，然后对朋友及之后的教师的认同，以及与他们之间的相互作用，逐渐建立起了自我的概念。在成长阶段时的孩子，通过对外界人物、事物的观察和理解，会逐渐形成自己的兴趣爱好与对自己能力的看法的雏形，即形成了自己的性格。到这一阶段结束的时候，进入青春期的青少年就会用自己已有的思维认知开始对各种可选择的职业进行某种现实性的思考了。

2. 探索阶段

探索阶段属于学习打基础的阶段，很难有稳定的并且收入可观的职业，这一阶段一般为15～24岁。在这一阶段中，个人将认真地探索各种自己可能从事的职业，职业选择的弹性很大。他们通过对职业的了解及在学校教育、社团休闲活动、打零工等途径中所获得的个人兴趣和能力进行匹配，并试图对自己感兴趣的职业做一番选择和考核，来确定自己的职业选择。在这一阶段的开始时期，他们往往做出一些带有试探性的、相对宽泛的职业选择，经过一番尝试后使职业偏好具体化、特定化。然而，随着对个人所选择职业实践的深入及对自我能力的进一步认识，他们的这种最初选择往往会被重新界定。到了这一阶段结束的时候，一种相对适合自己的工作就已经被选定，他们也已经在实践中潜意识地做好了开始工作的准备。

人们在这一阶段其实是根据社会现实形成了一种对自己能力和兴趣相对更深层次的、具有现实性的认识。这也是这一阶段的重要任务所在，处于这一阶段的人还必须根据来自各种职业选择的可靠信息做出相应的教育决策来完善自己。

3. 立业阶段

经过前两个阶段的实践与尝试，个人逐步形成了对某类或某个职业的认同与好感，个人已经有了安定于所认同职业的趋势。从年龄上看立业阶段一般为25～44岁，属于壮年时期，是人生的黄金时期。在这一阶段个人的工作能力有了相对较大的提高，人际关系网也辐射很广，个人地位会得到提高并得到社会的认可。在这一阶段，个人具体职位、所在部门可能会有一定的改变，但其职业不会轻易地改变。具体来讲这一阶段也分为两个阶段：

第一阶段——尝试期（主要为25～30岁）：虽然个人已经有了一定的经验和能力，

但是还不能完全真正地融入职业生涯。由于生活或其他原因会引起工作上一定的变动,个人能力得不到完全的发挥。

第二阶段——稳定期(主要为31～44岁):这一时期,个人的工作已经稳定了,在自己的职位上会充分发挥自己的能力,创造效益,获得认可。

4. 维持阶段

维持阶段一般为45～65岁,由于生理条件、个人心理需求的改变等一系列因素的作用,许多人就很自然地进入了维持阶段。在这一职业阶段,人们一般通过前几个阶段的努力已经在自己的工作领域中为自己建立了一定的地位,可以说达到了职业生涯的最高峰。因而他们的大多数精力主要就放在保有这一位置上了,不再有过多的追求。

5. 晚期阶段

晚期阶段在65岁之后,一般职业的人员都面临着退休,人们就不得不进入职业生涯的下降阶段。因为随着生理上的衰退和外部环境的改变,责任也不断地减少,个人的职业生涯也随之发生改变或终结。这时,人们所面临的选择就是如何打发原来用在工作上的时间并作出新的调整。

以上介绍了职业生涯的发展阶段,值得注意的是并不是每个人的发展阶段都完全与以上讨论的各个方面相一致,根据不同的个体具体情况也不同。例如,有的人抓住机遇可能在20岁就有了属于自己的公司,可以说是提前立业了;有的人可能在30岁之后自己的职业生涯才刚刚开始;有的人可能在60岁之后才获得很大的成功。对待知识我们应该活学活用,不能仅仅停留在课本知识的框架之中,最终根据自己的实际情况选择职业生涯的阶段性发展。

六、职业生涯规划的概念

职业生涯规划是指个人根据个人的具体条件及其周围有利与不利的环境因素,为实现个人职业理想,追求最佳职业生涯而制订设计的一系列行动要求和方案。在职业生涯规划制订的过程中,个人已经为自己确立了职业方向、职业目标,并确立了个人教育计划等与职业生涯有关的问题和要求。在职业生涯规划中,个人必须将个人发展与组织和社会的发展相结合,以确保今后个人职业生涯规划的顺利实施。个人职业生涯的设计一定要符合社会发展的客观规律,特别是社会职业的现实要求。在此基础上,根据自身的兴趣爱好、价值取向等因素来确定自己的职业方向。这样,职业规划才能发挥最大的作用,促进个人人生的成功。职业生涯规划不是社会、家长或学校的要求,更不是强加于个人身上的任务,它是个人在内心需求的驱动下,为实现个人的人生愿望和追求等诸多因素共同作用下所产生的一种主动的、个性化很强的行为。当然随着个体价值观、心理条件、家庭状况和社会环境的变化,都会引起每个人的职业期望或大或小的变化,因此它又是一个动态变化的过程。所以,应该深刻地认识和认真地对待职业生涯规划,适时对其进行必要的调整。

七、职业生涯规划的特征

任何事物都有其特征，职业生涯规划的特征包括个性化特征、适时性特征、开放性特征。

1. 个性化特征

个人的职业规划是针对个人具体情况出发的，都具有自己独有的特征。我们知道每个人的成长环境、受教育程度、性格类型、价值观、个人能力、终身职业目标、评价标准都具有个性化，与他人的不同。这就决定了个人职业生涯规划的不同，不可能有完全一致的职业生涯规划。我们不能套用他人的职业规划，这样会导致职业生涯规划的完全错位甚至人生的失败。值得注意的是，职业生涯规划是个人主动的行为，是在个人内心需求的驱动下产生的，切不可接受单位或他人强加的、现成的规划，这样的规划缺乏个性化的内容，缺乏针对性。总之，个人职业规划一定要根据个人的具体情况设计，个性化是成功的职业生涯规划所必须具备的特性之一。

2. 适时性特征

规划是对未来的行动进行计划和安排，确保将来的个人期望会实现。世界万物总是处于不停的变化之中，在设计个人职业生涯规划的时候必须考虑到一定的不稳定因素。不能一味不变地追求所制订的目标，应该适当增加职业规划的弹性来确保最终目标的实现。因此，规划中各项重要的计划活动何时实施、何时应该完成，都应有时间和顺序上的详细安排，以作为检查行动的依据。

3. 开放性特征

自然中的任何个体与周围的事物存在着明显或不明显的联系，个人的生存发展离不开外部环境的影响。个人职业生涯规划虽然要求具有个性化，但这并不代表着闭门造车，断绝与周围他人的联系与交流，自己孤立地进行规划。在进行职业规划的过程中一定要与周围的朋友、同事进行必要的交流，虚心地向他人请教，认真听取思考他人的建议。这样，制订的职业规划才是相对完美的、可行的，对个人今后的生存与发展会发挥更大的促进作用。

以上几点是职业生涯规划的基本特征，熟悉并理解这几项特征对个人职业规划的设计有很大的帮助。在具体的职业规划中，一定要好好运用其特征来为个人服务，以便于今后事业的顺利发展。

案例分析

案例一： 小张的理想是当一名职业高级调酒师。但是，他对于各种酒水的品质鉴定、颜色调配等基础知识十分欠缺，在必须认真学好专业课的同时，还要利用课余时间收集有关调酒等方面的信息，学习相关专业书籍。下面是小张的个人职业规划。

在酒吧打工（23～24岁）：因为调酒师的工作一般都是在酒吧中，所以毕业之后，小张找了一份在酒吧的工作，这样他可以自力更生，趁此机会存一点钱；还可以与酒吧中的调酒师们进行交流学习,请教一些专业技能。

学习调酒技艺(25～29岁):经过几年的打工,小张对于调酒师的工作特点已经有了进一步的了解,这时就可以转向学习调酒技艺了。

成为调酒师(30岁):通过专业培训和学习,这时的小张对调酒知识有了一定的掌握,取得了相关的证书,完全可以胜任一个普通酒吧的调酒师了。

向更专业化、国际化发展(31～35岁):可以参加一些专业性的比赛,在竞争中提升自己的能力。在比赛中可以针对调酒的文化性、知识性、技术性、观赏性和调酒师们互相交流学习,以此来提高自己的水平。有可能小张还可以出国深造,拓宽自己的视野,缩短自己与国际水平的差距。

实现梦想成为国际水平的高级调酒师(35岁以后):通过自己的努力实现自己的梦想,在人生的道路上还要进一步努力,争取获得更大的进步。

分析:小张通过对自身条件的分析,采取了阶段性的职业规划形式,并根据规划一步步走向自己的梦想。在做职业规划的时候,应该有步骤地进行而不是一次性实现最终目标。

案例二:小王是某师范学校的毕业生。在毕业后两年的教学过程中发现自己并不适合做老师,虽具备相应的学历,但不具备教师应有的管理学生的能力,课堂上调动学生积极性的能力也不够,所带班级成绩并不理想,学校对其工作表现不是很满意,自己也很苦恼。从小王的性格特点分析,小王的确不适合教师行业,教师不仅需要相应所教学科的知识,更需要懂得如何管理学生,调动学生的积极性。小王性格文静、寡言少语,交际能力不强,不能适应教师工作。

分析:工作经验在2～3年的职业者,往往会发现自己当初刚刚走出校门时懵懵懂懂选择的工作并不适合自己,于是就面临一个重新择业的问题。所以在找工作的时候,必须按照自身性格、能力特点,个人价值倾向,结合职场情况、社会需求,准确定位适合自己长远发展的出发点。

八、职业生涯规划的价值与意义

一个真实的故事:马努杰

亚美尼亚的马努杰是一名推销员,在他的职业生涯中,他为207个公司工作过,平均每年换5个工作,他频繁换动工作的次数打破了世界纪录,因此他成为职业规划的一个典型案例——"马努杰死亡回旋梯"。当然,当他60岁时,他的职位与收入与20岁时没有太大差异。

分析:这就是没有进行职业规划而造成悲剧的典型案例,类似马努杰这种职业发展情况的人有很多。

职业生涯活动将伴随我们的大半生，无疑拥有自己满意的职业生涯是一个人幸福完美人生的重要部分。因此，职业生涯规划具有特别重要的意义。好的职业生涯规划会帮助我们实现人生理想，享有幸福的人生。

职业生涯的规划可以实现个人资源组建配置与职业发展目标最大限度的统一，提升职业发展的效率，一份行之有效的职业生涯规划将会给我们带来以下益处：

（1）引导我们正确认识自身的个性特质、现有与潜在的资源优势，帮助我们重新对自己的价值进行定位并使其持续增值；并可以引导我们对自己的综合优势与劣势进行对比分析。

（2）使我们树立明确的职业发展目标与职业理想；能有目标地整合资源并提升自己，提高职业成长的效率。职业规划是经过充分分析后而制订的，会给个人一个明确的职业方向，使个人在职业生涯中少走弯路，避免不必要的重复与错误。这样，个人会很快适应社会，直接走向自己的目标，加快自我的成长进程。

（3）引导我们评估个人目标与现实之间的差距。

（4）引导我们进行前瞻与实际相结合的职业定位，搜索或发现新的或有潜力的职业机会。

（5）使我们学会如何运用科学的方法、采取可行的步骤与措施，不断增强自身的职业竞争力，实现自己的职业目标与理想。当今社会处在变革的时代，科技文化知识飞速发展，物竞天择，适者生存。职业的竞争非常突出，对个人专业素质提出新的要求。要想在这场激烈的竞争中脱颖而出并保住一席之地，必须设计好自己的职业生涯规划。这样才能做到心中有数，做好准备迎接今后的挑战。很多人认为职业生涯规划纯属纸上谈兵，简直是耽误时间，有那些时间还不如多去两家招聘单位参加面试。这是一种错误的理念，实际上职业规划是未雨绸缪，要知道"磨刀不误砍柴工"。任何事情如果有了准备，有了清晰的认识与明确的目标，效果要好得多，也更经济、更科学。

（6）适应社会发展、时代变革的需要。我国正处于快速发展的时期，尤其改革开放以来发展速度更是受到世界的瞩目。社会的发展、时代的进步也使得择业、就业变得更加复杂，加速了职业转化。对于择业人员来说，做好职业生涯规划可以更好地适应社会的发展，更加符合时代的要求，为将来时代的变化做好准备。这样才会少走弯路，在适合自己的岗位上做出更大的贡献，实现自己的人生价值，成就一番事业。

总的来看，职业生涯发展是有计划、有目的的，不是盲目地"撞大运"。好的计划是成功的开始，"凡事预则立，不预则废"就是这个道理。因此，职业生涯规划应该从大学生入学就开始引导和训练，以便为学生未来一生的职业发展打下坚实的基础。

视频资料：职业生涯规划的价值

任务 2　认知职业生涯规划步骤

活动名称　制订可行性旅行计划
活动目的　启发并体验职业生涯规划的步骤
活动材料　学生准备纸、笔、手机、计算机
活动流程

第一步：请同学们 6 人一组，自由组合成"旅游小组"。

第二步：小组成员共同讨论、制订自己小组的旅游计划。

要求：从某城市出发，共计 5 天时间；每人 3 000 元旅行资金（资金总额 =3 000× 人数）；计划要可行，财务支出预算需要有根据（如在某地某宾馆住宿，可在网上查询具体住宿价格）。

第三步：完成后，每个小组派出一名代表进行旅游计划的发表。

思考：旅游计划是什么？你制订这个计划经过了哪些步骤？如何做的抉择？是否可以按方案实施？

比较：同样的资金，哪个小组能制订出更完美的旅行方案呢？

需要考虑的关键元素如图 1-1 所示。

成员爱好与特征　　如何选定各旅游景点　　考虑与计算各项花费成本

制订可行性计划　　是否有多个计划比较　　团队成员具体分工

图 1-1　需考虑的关键元素

启发：在制订这个旅行计划时的思考方法与制订职业规划的思考方法比较接近，旅行计划是我们在有限的资源、有限的时间内，制订出最佳的旅行方案并可以执行，与制订职业规划的步骤很相似。图 1-2 是旅行计划制订步骤与职业规划制订步骤的对比。

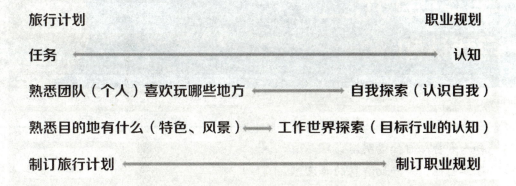

图 1-2　旅行计划制订步骤与职业规划制订步骤对比

第四步：了解职业规划步骤。

通过以上活动，我们知道了如何制订一份团队满意的旅行计划，也了解了制订旅行计划和制订职业规划之间的相似之处。职业规划制订步骤如图 1-3 所示。

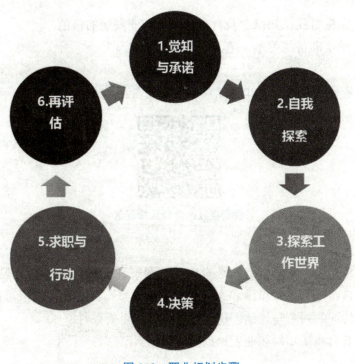

图 1-3　职业规划步骤

学习单元二
自我认知

> 知人者智，自知者明。　　　　　　　　　　　——老子
> 了解自己，是一切智慧的源泉。　　　　　——亚里士多德
> 知道自己是谁，比知道去哪里更重要。　　　　——舒伯

任务 1　自我认知概念探索

活动名称　自我认知
活动目的　掌握自我认知概念及自我认知对职业发展的价值
活动材料　学生准备练习本、笔，需要使用手机
活动流程

第一步：了解什么是自我认知，以及包括哪些内容。

观看视频：自我认知概念

第二步：阅读并理解以下知识点：

自我认知（Self-cognition）指的是对自己的洞察和理解，包括自我观察和自我评价。自我观察是指对自己的感知、思维和意向等方面的觉察；自我评价是指对自己的想法、期望、行为及人格特征的判断与评估，这是自我调节的重要条件。

第三步：了解自我认知对职业发展的重要价值。

观看视频：自我认知对职业发展的价值

第四步：请阅读以下文字并深入理解自我认知的价值。

正确地认识自我是客观准确地评估自己的前提。就大学生择业而言，清晰的自我认知与准确的自我评估，是就业、择业的重要基础，也是个人人生发展的重要基础，还是实现就业、择业的知、行、意统一的关键。自我认知的正确与否关系到将来的工作定位及对自身的满意程度，所以要想成功地完成自己的择业目标，就需要有正确的自我认知，而且，正确地认识自我，实事求是地评价自己，也是自我调节、自我提升和完善的重要前提。

第五步：请初步描述自己（50字以上）。

任务 2　兴趣认知与探索

> 我和你没有什么差别。如果你一定要找一个差别，那可能就是我每天有机会做我最爱的工作。如果你要我给你忠告，这是我能给你的最好忠告了。
>
> ——沃伦·巴菲特

活动名称　兴趣探索

活动目的　1. 通过活动，体验了解兴趣与职业的关系
2. 通过活动，初步探索自己的兴趣分类

活动材料　无

活动流程

第一步：认知什么是兴趣。

兴趣是我们内心动力和快乐的最终来源。

兴趣指的是无论我们能力高低，也无论外界评价如何，依然乐此不疲的事情。

职业兴趣是兴趣在职业方面的表现，是指人们对某种职业活动具有的比较稳定而持久的心理倾向，使人对某种职业给予优先关注，并向往之。

第二步：了解兴趣与职业发展的关系。

第三步：教师展开活动，阐述本次活动背景。

"恭喜你！你获得了一次七天免费度假游的机会，有机会去下列六个岛屿。请不要考虑其他因素，仅凭自己的兴趣挑出你最想前往的三个岛屿。"

视频资料：兴趣对职业发展的重要性

第四步：同学们依次观察以下六个岛屿（表2-1）。

表2-1　六个岛屿介绍

编号	环境	介绍
1号岛屿		自然、原始的岛屿。岛上自然生态保持得很好，有各种野生动物。居民以手工见长，自己种植花果蔬菜、修缮房屋、打造器物、制作工具，喜欢户外运动
2号岛屿		深思冥想的岛屿。有多处天文馆、科技博览馆及图书馆。居民喜好观察、学习，崇尚和追求真知，常有机会和来自各地的哲学家、科学家、心理学家等交换心得

续表

编号	环境	介绍
3号岛屿		美丽、浪漫的岛屿。充满了美术馆、音乐厅,街头雕塑和街边艺人,弥漫着浓厚的艺术文化气息。居民保留了传统的舞蹈、音乐与绘画,许多文艺界的朋友都喜欢来这里寻找灵感
4号岛屿		友善、亲切的岛屿。居民个性温和、友善、乐于助人,社区均自成一个密切互动的服务网络,人们重视互助合作,重视教育,关怀他人,充满人文气息
5号岛屿		显赫、富庶的岛屿。居民擅于企业经营和贸易,能言善道。经济高度发展,处处是高级饭店、俱乐部、高尔夫球场。来往者多是企业家、经理人、政治家、律师等
6号岛屿		现代、井然的岛屿。岛上建筑十分现代化,是进步的都市形态,以完善的户政管理、地政管理、金融管理见长。岛民个性冷静保守,处事有条不紊,善于组织规划,细心高效

第五步:了解不同岛屿的职业类型(表2-2)。

表2-2 兴趣岛屿类型列表

1号岛屿	实用型——R	Realistic
2号岛屿	研究型——I	Investigation
3号岛屿	艺术型——A	Artistic
4号岛屿	社会型——S	Social
5号岛屿	企业型——E	Enterprising
6号岛屿	事务型——C	Conventional

第六步:请认真思考后选择出自己最喜欢的三个岛屿。

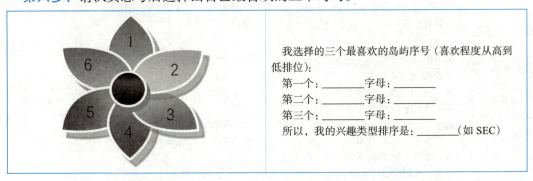

我选择的三个最喜欢的岛屿序号(喜欢程度从高到低排位):
第一个:_____ 字母:_____
第二个:_____ 字母:_____
第三个:_____ 字母:_____
所以,我的兴趣类型排序是:_____(如SEC)

第七步：依次查看六个岛屿与职业兴趣之间的关系（表 2-3）。

表 2-3　六个岛屿与职业兴趣之间的关系

类型	喜欢的活动	重视	职业环境	典型职业
实用型 R（Realistic）	用手、工具制造或修理东西	用手、工具制造或修理东西	实物性工作：使用手工或机械技能对物体、工具、机器、动物等进行操作； 与事务工作的能力比与人打交道的能力更为重要； 喜欢户外活动，而不喜欢在办公室工作	园艺师、木匠、汽车修理工、工程师、军官、外科医生、足球教练员
研究型 I（Investigative）	喜欢探索和理解事物； 喜欢与符号/概念/文字/抽象思考相关的活动； 喜欢阅读和讨论有关科学性的论题； 对未知问题的挑战充满兴趣	知识学习、成就、独立	运用谨慎、缜密的分析和复杂抽象的思考，创造性地解决问题的工作； 运用智慧独立地工作； 不喜欢领导、竞争等需要企业能力的工作	实验室工作人员、生物学家、化学家、心理学家、工程设计师、大学教授、禅师、企业研发部门、医师
艺术型 A（Artistic）	喜欢自我表达； 喜欢文学、音乐、动作、色彩和表演等； 表达内心想法和对美的感受	创意想法、自我表达、自由美	鼓励创意和个人表现能力； 鼓励感性和对情绪的表达，不要求逻辑形式； 独立自由开放，没有上下班时间束缚，不受他人支配； 艺术气息浓厚； 不喜欢文书处理等传统工作	艺术家、诗人、自由职业者、作家、编辑、音乐家、摄影师、厨师、漫画家、导演、室内装潢设计师
社会型 S（Social）	喜欢与人合作，热情关心他人的幸福，愿意帮助别人成长或解决困难，为他人提供服务	服务社会与他人、公正、理解、平等、理想	人际交往能力； 教导、医治、帮助他人等方面的技能； 对他人表现出精神上的关爱，愿意担负社会责任	教师、社会工作者、牧师、心理咨询师、护士
企业型 E（Enterprising）	喜欢领导和支配别人，通过领导、劝说他人或推销自己的观念、产品而达到个人或组织的目标； 希望成就一番事业； 冒险，竞争	经济和社会地位上的成功； 忠诚； 冒险； 责任	说服他人或支配他人的能力，敢于承担风险，目标导向； 工作氛围注重绩效、升迁、权力、说服力； 强调自信、社交手腕，当机立断	律师、政治运动领袖、营销商、市场部经理、电视制片人、保险代理
事务型 C（Conventional）	喜欢固定的、有秩序的工作； 希望确切地知道工作的要求和标准，愿意在一个大的机构中处于从属地位； 对文字、数据和事物进行细致、有序的系统处理以达到特定的标准	准确有条理，节俭、盈利	文书数据技巧； 组织能力，听取并遵从指示的能力； 能够按时完成工作并达到严格的标准，有组织，有计划	文字编辑、会计师、银行家、簿记员、办事员、税务员和计算机操作员

第八步： 理解霍兰德职业兴趣理论与模型。

霍兰德职业兴趣理论是心理学教授、著名的职业指导专家约翰·霍兰德（John Holland）于1959年提出的具有广泛社会影响的职业兴趣理论。理论中认为人的人格类型、兴趣与职业密切相关，兴趣是人们活动的巨大动力，凡是具有职业兴趣的职业，都可以提高人们的积极性，促使人们积极地、愉快地从事该职业。职业兴趣与人格之间存在很高的相关性。霍兰德认为，人格可分为实用型（现实型）、研究型、艺术型、社会型、企业型和事务型（常规型）六种类型（图2-1）。

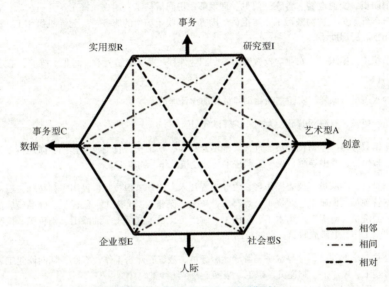

图2-1　霍兰德职业兴趣模型

第九步： 了解霍兰德职业代码对照表。

下面介绍职业兴趣类型的职业表，对照的方法如下：首先根据你的职业兴趣代号，在表2-4中找出相应的职业，例如，你的职业兴趣代号是RIA，那么牙科技术员、陶工等是符合你兴趣的职业。然后寻找与你职业兴趣代号相近的职业，例如，你的职业兴趣代号是RIA，那么其他由这三个字母组合成的编号（如IRA、IAR、ARI等）对应的职业，也较适合你的兴趣。

表2-4　职业兴趣类型的职业表

组合代码	部分代表性职业
RIA	牙科技术员、陶工、建筑设计员、模型工、细木工、制作链条人员
RIS	厨师、林务员、跳水员、潜水员、染色员、电器修理员、眼镜制作员、电工、纺织机器装配工、服务员、安装玻璃工人、发电厂工人、焊接工
RIE	建筑和桥梁工程、环境工程、航空工程、公路工程、电力工程、信号工程、电话工程、一般机械工程、自动工程、矿业工程、海洋工程、交通工程技术人员、制图员、家政经济人员、计量员、农民、农场工人、农业机械操作工、清洁工、无线电修理工、汽车修理工、手表修理工、管工、线路装配工、工具仓库管理员

续表

组合代码	部分代表性职业
RIC	船上工作人员、接待员、杂志保管员、牙医助手、制帽工、磨坊工、石匠、机器制造工、机车（火车头）制造工、农业机器装配工、汽车装配工、缝纫机装配工、钟表装配和检验工、电动器具装配工、鞋匠、锁匠、货物检验员、电梯机修工、托儿所所长、钢琴调音员、装配工、印刷工、建筑钢铁工作、卡车司机
RAI	手工雕刻、玻璃雕刻、制作模型人员、家具木工、制作皮革品工、手工绣花工、手工钩针纺织工、排字工、印刷工、图画雕刻工、装订工
RSE	消防员、交通巡警、警察、门卫、理发师、房间清洁工、屠夫、锻工、开凿工人、管道安装工、出租汽车驾驶员、货物搬运工、送报员、勘探员、娱乐场所的服务员、起卸机操作工、灭害虫者、电梯操作工、厨房助手
RSI	纺织工、编织工、农业学校教师、某些职业课程教师（诸如艺术、商业、技术、工艺课程）、雨衣上胶工
REC	抄水表员、保姆、实验室动物饲养员、动物管理员
REI	轮船船长、航海领航员、大副、试管试验员
RES	旅馆服务员、家畜饲养员、渔民、渔网修补工、水手长、收割机操作工、搬运行李工人、公园服务员、救生员、登山导游、火车工程技术员、建筑工作、铺轨工人
RCI	测量员、勘测员、仪表操作者、农业工程技术、化学工程技师、民用工程技师、石油工程技师、资料室管理员、探矿工、煅烧工、烧窑工、矿工、保养工、磨床工、取样工、样品检验员、纺纱工、炮手、漂洗工、电焊工、锯木工、刨床工、制帽工、手工缝纫工、油漆工、染色工、按摩工、木匠、农民建筑工作、电影放映员、勘测员助手
RCS	公共汽车驾驶员、一等水手、游泳池服务员、裁缝、建筑工作、石匠、烟囱修建工、混凝土工、电话修理工、爆炸手、邮递员、矿工、裱糊工人、纺纱工
RCE	打井工、起重机驾驶员、农场工人、邮件分类员、铲车司机、拖拉机司机
IAS	普通经济学家、农场经济学家、财政经济学家、国际贸易经济学家、试验心理学家、工程心理学家、心理学家、哲学家、内科医生、数学家
IAR	人类学家、天文学家、化学家、物理学家、医学病理和动物标本剥制者、化石修复者、艺术品管理者
ISE	营养学家、饮食顾问、火灾检查员、邮政服务检查员
ISC	侦察员、电视播音室修理员、电视修理服务员、验尸室人员、编目录者、医学实验室技师、调查研究者
ISR	水生生物学者、昆虫学者、微生物学家、配镜师、矫正视力者、细菌学家、牙科医生、骨科医生
ISA	试验心理学家、普通心理学家、发展心理学家、教育心理学家、社会心理学家、临床心理学家、目标学家、皮肤病学家、精神病学家、妇产科医师、眼科医生、五官科医生、医学实验室技术专家、民航医务人员、护士
IES	细菌学家、生理学家、化学专家、地质专家、地理物理学专家、纺织技术专家、医院药剂师、工业药剂师、药房营业员
IEC	档案保管员、保险统计员
ICR	质量检验技术员、地质学技师、工程师、法官、图书馆技术辅导员、计算机操作员、医院听诊员、家禽检查员

续表

组合代码	部分代表性职业
IRA	地理学家、地质学家、声学物理学家、矿物学家、古生物学家、石油学家、地震学家、声学物理学家、原子和分子物理学家、电学和磁学物理学家、气象学家、设计审核员、人口统计学家、数学统计学家、外科医生、城市规划家、气象员
IRS	流体物理学家、物理海洋学家、等离子体物理学家、农业科学家、动物学家、食品科学家、园艺学家、植物学家、细菌学家、解剖学家、动物病理学家、作物病理学家、药物学家、生物化学家、生物物理学家、细胞生物学家、临床化学家、遗传学家、分子生物学家、质量控制工程师、地理学家、兽医、放射性治疗技师
IRE	化验员、化学工程师、纺织工程师、食品技师、渔业技术专家、材料和测试工程师、电气工程师、土木工程师、航空工程师、行政官员、冶金专家、原子核工程师、陶瓷工程师、地质工程师、电力工程师、口腔科医生、牙科医生
IRC	飞机领航员、飞行员、物理实验室技师、文献检查员、农业技术专家、动植物技术专家、生物技师、油管检查员、工商业规划者、矿藏安全检查员、纺织品检验员、照相机修理者、工程技术员、计算程序者、工具设计者、仪器维修工
CRI	簿记员、会计、记时员、铸造机操作工、打字员、按键操作工、复印机操作工
CRS	仓库保管员、档案管理员、缝纫工、讲述员、收款人
CRE	标价员、实验室工作者、广告管理员、自动打字机操作员、电动机装配工、缝纫机操作工
CIS	记账员、顾客服务员、报刊发行员、土地测量员、保险公司职员、会计师、估价员、邮政检查员、外贸检查员
CIE	打字员、统计员、支票记录员、订货员、校对员、办公室工作人员
CIR	校对员、工程职员、海底电报员、检修计划员、发报员
CSE	接待员、通信员、电话接线员、卖票员、旅馆服务员、私人职员、商学教师、旅游办事员
CSR	运货代理商、铁路职员、交通检查员、办公室通信员、簿记员、出纳员、银行财务职员
CSA	秘书、图书管理员、办公室办事员
CER	邮递员、数据处理员、办公室办事员
CEI	推销员、经济分析家
CES	银行会计、记账员、法人秘书、速记员、法院报告人
ECI	银行行长、审计员、信用管理员、地产管理员、商业管理员
ECS	信用办事员、保险人员、各类进货员、海关服务经理、售货员、购买员、会计
ERI	建筑物管理员、工业工程师、农场管理员、护士长、农业经营管理人员
ERS	仓库管理员、房屋管理员、货栈监督管理员
ERC	邮政局长、渔船船长、机械操作领班、木工领班、瓦工领班、驾驶员领班
EIR	科学、技术和有关周期出版物的管理员
EIC	专利代理人、鉴定人、运输服务检查员、安全检查员、废品收购人员
EIS	警官、侦察员、交通检验员、安全咨询员、合同管理者、商人
EAS	法官、律师、公证人
EAR	展览室管理员、舞台管理员、播音员、驯兽员

续表

组合代码	部分代表性职业
ESC	理发师、裁判员、政府行政管理员、财政管理员、工程管理员、职业病防治、售货员、商业经理、办公室主任、人事负责人、调度员
ESR	家具售货员、书店售货员、公共汽车的驾驶员、日用品售货员、护士长、自然科学和工程的行政领导
ESI	博物馆管理员、图书馆管理员、古迹管理员、饮食业经理、地区安全服务管理员、技术服务咨询者、超级市场管理员、零售商品店店员、批发商、出租汽车服务站调度
ESA	博物馆馆长、报刊管理员、音乐器材售货员、广告商售画营业员、导游、(轮船或班机上的)事务长、飞机上的服务员、船员、法官、律师
ASE	戏剧导演、舞蹈教师、广告撰稿人、报刊、专栏作者、记者、演员、英语翻译员
ASI	音乐教师、乐器教师、美术教师、管弦乐指挥师、合唱队指挥师、歌星、演奏家、哲学家、作家、广告经理、时装模特
AER	新闻摄影师、电视摄影师、艺术指导师、录音指导师、丑角演员、魔术师、木偶戏演员、骑士、跳水员
AEI	音乐指挥师、舞台指导师、电影导演
AES	流行歌手、舞蹈演员、电影导演、广播节目主持人、舞蹈教师、口技表演者、喜剧演员、模特
AIS	画家、剧作家、编辑、评论家、时装艺术大师、新闻摄影师、男演员、文学作者
AIE	花匠、皮衣设计师、工业产品设计师、剪影艺术家、复制雕刻品大师
AIR	建筑师、画家、摄影师、绘图员、环境美化工、雕刻家、包装设计师、陶器设计师、绣花工、漫画工
SEC	社会活动家、退伍军人服务官员、工商会事务代表、教育咨询者、宿舍管理员、旅馆经理、饮食服务管理员
SER	体育教练、游泳指导
SEI	大学校长、学院院长、医院行政管理员、历史学家、家政经济学家、职业学校教师、资料员
SEA	娱乐活动管理员、国外服务办事员、社会服务助理、一般咨询者、宗教教育工作者
SCE	部长助理、福利机构职员、生产协调人、环境卫生管理人员、戏院经理、餐馆经理、售票员
SRI	外科医师助手、医院服务员
SRE	体育教师、职业病治疗者、体育教练、专业运动员、房管员、儿童家庭教师、警察、引座员、传达员、保姆
SRC	护理员、护理助理、医院勤杂工、理发师、学校儿童服务人员
SIA	社会学家、心理咨询者、学校心理学家、政治科学家、大学或学院的系主任、大学或学院的教育学教师、大学农业教师、大学工程和建筑课程的教师、大学法律教师、大学数学、医学、物理、社会科学和生命科学的教师、研究生助教、成人教育教师
SIE	营养学家、饮食学家、海关检查员、安全检查员、税务稽查员、校长
SIC	描图员、兽医助手、诊所助理、体检检查员、监督缓刑犯的工作者、娱乐指导者、咨询人员、社会科学教师
SIR	理疗员、救护队工作人员、手足病医生、职业病治疗助手

第十步：理解兴趣对职业生涯发展的影响。

（1）我们的满足感、幸福感往往来自从事某种活动，而不是无所事事或单纯地享乐游玩，这也正是工作原本的意义所在。因此，兴趣与工作满意度、职业稳定性和职业成就感之间都存在着明显的关联。

（2）是否从事自己感兴趣的工作的最大区别或许在于是否会给我们的事业和人生带来"卓越"。

（3）兴趣可以划分为职业兴趣和非职业兴趣。但几乎每一种兴趣都可以与某种职业联系起来。

（4）并不是所有的兴趣都需要在自己的职业中体现，关键在于在工作和生活之间的协调与平衡，以及工作与个人爱好的适度统一。

兴趣与职业生涯发展的认知误区见表2-5。

表2-5 兴趣与职业生涯发展的认知误区

思维误区：大学专业已经决定了未来的方向，考虑兴趣没有意义。 重新定义：大学和专业不会限制人的选择，你可以考虑其他的路径和可能
思维误区：现在考虑兴趣已经太晚了。 重新定义：有人25岁就当上CEO，却在50岁去世。 也有人50岁才当上CEO，然后活到90岁。 世界上每个人本来就有自己的发展时区。 身边有些人看似走在你前面，也有人看似走在你身后，但其实每个人在自己的发展时区有自己的步程
思维误区：工作是工作，生活是生活，兴趣是兴趣。 重新定义：工作是生活的重要部分，不只是赚取物质的手段。一旦我们将工作视为获取他物的手段，你的头脑就会得出结论，那就是你无法享受工作。 你生命中每个清醒的时刻，皆是生活

第十一步：写下自己的兴趣探索结果。

第十二步：从兴趣到志趣。

我们探索到自己的兴趣类型后，最重要的是将自己的兴趣转变成志趣。思考自己的兴趣如何与职业发展建立联系，那就需要深刻地理解兴趣与志趣的关系。兴趣金字塔模型如图2-2所示。

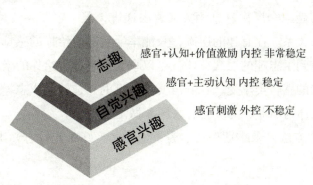

图2-2 兴趣金字塔模型

兴趣的第一个层次，可以称为"有趣"层次，这一层次主要停留在感官方面，主要特点有以感官刺激为主、外控性、被动性、稳定性差、需要付出资金。例如，有的人的兴趣是吃美食、听音乐、看电影、玩游戏等。大家可以反思这些"兴趣"，它们大多停留在感官层次上（音乐、电影可以部分满足审美需求，但依然以感官为主），主要是口腹之欲、听觉视觉满足等，它们大多都需要耗费一定的金钱，方可使"兴趣"得到满足。因此，这些所谓的兴趣仅仅是"有趣"而已。但是，有很多人把这种"有趣"当成真正的兴趣，沉溺其中不能自拔。并且这一层次的兴趣有极强的被动性：我想寻找刺激了，就去玩游戏；我想放松了，就去听音乐、看电影；我想吃东西了，就去吃美食。

我们要想跳出"有趣"的层次，就需要摆脱这种被动性，增加主动认知，进入"乐趣"的层次，这一层次兴趣的主要特点有主动性、内控性、相对稳定性、需付出金钱。依然喜欢美食，但逐渐意识到吃美食要讲究科学，不可暴饮暴食，更逐渐意识到真正的美食需要自己主动参与制作，方可品尝到不可言说的味道；依然喜欢音乐、电影，但逐渐摆脱被动的欣赏，主动写歌词、谱曲子、写影评等，与音乐和电影互动，提高欣赏水平和高度；依然喜欢游戏，但不再仅仅停留在被动玩游戏，而是研究游戏的开发，发现游戏制作的奥秘，并主动写小程序等。当一个人从"有趣"层次提升到"乐趣"层次的时候，他对于事物的兴趣就会引导他主动作为，能自我控制，并且可能会成为一生的爱好。但这个层次的兴趣还不够稳定，并不是一生的志向。

要想让自己的兴趣更稳定、更有价值，我们就需要进入兴趣的最高境界——"志趣"。这里的"志"字，就是一种志向。人一旦把自己的兴趣作为志向来追求，就会拥有无穷的动力，并且愿意终生致力于某项工作。这一层次兴趣的主要特点有非常稳定、价值感、自我实现、奉献牺牲、造福社会。

前两个层次里，由喜欢美食过渡到制作美食，由喜欢音乐、电影过渡到写歌词、写影评，由玩游戏过渡到做小程序，现在，如果发展到"志趣"，他就会变成一位美食家、一个电影导演、一个软件工程师，并且使其成为自己的终生职业。通过制作美食、拍摄电影、开发软件，他不仅可以因此获取金钱，更可以实现自我价值，使更多的人因为自己的工作而受益。

兴趣、乐趣、志趣三个层次息息相关又逐层递进，但一定要弄清楚三者的逻辑关系，三者属于向下包含的关系。在有趣的层次，只能享受有趣带给你的感觉，无法体会到乐趣和志趣的美好；只有到了志趣的层次，才既可以享受到志趣带给你的崇高感和价值感，也可以享受到有趣层次的感官类享受。我们需要将自己的兴趣转化成志趣，使其成为自己既喜欢社会也需要的工作与职业，为社会、为国家做出贡献。

探索兴趣的其他方法：未来期望法、爱好总结（美好时光日志）、朋友分析、特点印证、调查问卷与测评。

（辅导手册部分将有更详细的探索）

案例分析

  小李是一名在校学生，他喜欢徒步旅游，热爱户外运动，包括露营、攀岩等。他现在就读社会体育专业。他非常清楚自己的兴趣爱好，如何将自己的兴趣爱好和自己的专业特长及社会需求进行结合，成为他主要思考的职业发展方向。他通过学习职业规划课程，对自己进行充分认知后，为自己设定了一个既能满足兴趣爱好，又能体现专业特长的职业发展方向。毕业后，小李同学就在当地开了一个健身俱乐部，但这个健身俱乐部非常有特点，是将健身和徒步旅游及户外运动等结合到了一起。进入健身场地后，首先设有一个小型攀岩，然后攀岩后面的两侧就是各种健身设备，在设备之间穿插摆放着很多帐篷、吊床等徒步旅行的装备，墙上挂着很多关于徒步活动的发展历史、相关人物事件的介绍及一些有趣的户外运动活动等，还有自己和朋友的徒步旅游照片。整个健身房使大家感觉是一种户外旅游的风格和氛围，与其他健身房有着很大的差别，极具特色。同时，这里也是户外旅游、户外徒步爱好者的交流场所，经常在这里举办一些户外徒步爱好者的交流活动等。健身俱乐部拥有自己的风格和特色，其构思和创建是小李同学结合了自己的兴趣爱好及专业特长，并充分进行了市场需求调研后创立的，将自己的兴趣转变成事业。据说这个健身俱乐部经营得很不错，而且受到了当地多家媒体的采访。

  启示：小李同学将自己的兴趣与自己的专业相结合，并结合市场需要，开启了属于自己很有特色的职业生涯。所以，找到兴趣，并将兴趣转换成志趣，从而成就事业，是一种很重要的职业发展设计思路。

任务 3　性格认知与探索

<u>活动名称</u>　性格探索

<u>活动目的</u>　掌握性格探索的方法,并能够利用性格理论探索自己的性格,并了解自己的性格特征;能认识到每个人都有与众不同的特质,性格与职业的最佳匹配使我们成为更有效率的工作者。

<u>活动材料</u>　纸、笔

<u>活动流程</u>

第一步：了解什么是性格以及性格包括哪些内容。

观看视频：性格的概念

第二步：请阅读性格概念知识点。

性格是指表现在人对现实的态度和相应的行为方式中比较稳定的、具有核心意义的个性心理特征,它是一种与社会相关最密切的人格特征,在性格中包含许多社会道德含义。性格表现了人们对现实和周围世界的态度,并表现在他的行为举止上。性格主要体现在对自己、对他人、对事物的态度和所采取的言行上。

第三步：了解性格形成的影响因素。

观看视频：性格形成的影响因素与分类

第四步：请阅读下面文字,进一步理解影响性格的因素。

影响性格形成的因素很复杂,主要体现在以下三个方面,分别是基因遗传因素、成长期发育因素及社会环境的影响因素。可以说既有来自本身的因素,同时,也有来自环境的影响。性格的形成与遗传有关,同时与后期的环境产生了相互影响的关系。从这个角度分析,性格是可以改变的,但需要大量量变之后的质变作用。

第五步：自我性格探索（使用 MBTI 性格探测理论）。

MBTI（Myers-Briggs Type Indicator）是国际最为流行的职业人格评估工具之一，用于评估人们的性格特征和偏好。在职业发展方面，MBTI 测试结果可以帮助人们更好地了解自己，从而更好地规划职业生涯。MBTI 模型在纷繁复杂的个性特征中，归纳提炼出 4 个关键要素——能量倾向、信息收集、决策方式、行动方式（图 2-3），从而进行分析判断，从而把不同个性的人进行区分。

能量倾向指向： 外向（E），内向（I）
　　　　　　　　Extroversion　　Introversion
获得信息方式： 感觉（S），直觉（N）
　　　　　　　　Sensing　　　　Intuition
决策判断方式： 思考（T），情感（F）
　　　　　　　　Thinking　　　　Feeling
采取行动方式： 判断（J），知觉（P）
　　　　　　　　Judging　　　　Perceiving

图 2-3　MBTI 性格理论维度模型

MBTI 性格特征自测：
（1）第一维度（E—I 维度）：你的能量倾向。
请根据你的第一反应，选择下列哪些是你比较舒服的或经常发生的日常表现（可多选）(　　)。

A. 热情洋溢　　　　　　　　　　B. 含蓄内敛
A. 乐于主动去沟通　　　　　　　B. 沟通相对被动
A. 更爱热闹　　　　　　　　　　B. 更爱安静
A. 边听边说边想　　　　　　　　B. 先听后想，想好了再说
A. 交友广泛　　　　　　　　　　B. 朋友不多
A. 更多时候是和大家一起度过休闲时光　B. 更多时候是自己一个人度过休闲时光

解释：若你的选项中，A 选项数量多于 B 选项，则你的第一维度性格特质是外向型（E），反之则是内向型（I）；如果 A 选项数量等于 B，则是模糊型。

我的 MBTI 第一维度是_____(写下字母"E"或"I"，或"模糊型"）。

值得注意的是，如果你的选项 A 数量明显多于 B，你则属于明显外向型，若稍多于 B，则属于偏外向型；反之，则是明显内向型或偏内向型。

E—I 维度性格特质如图 2-4 所示。

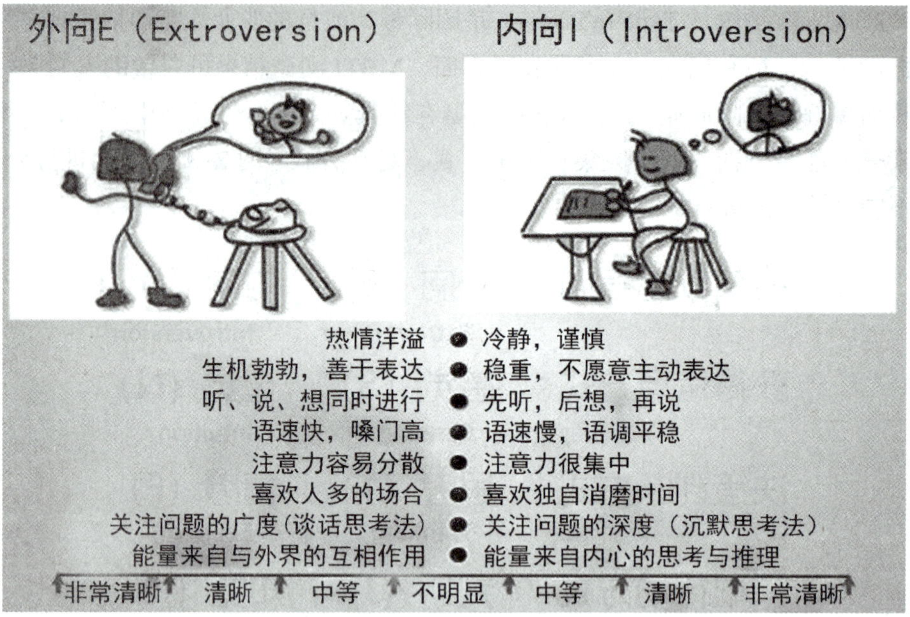

外向E（Extroversion）　　　内向I（Introversion）

热情洋溢　●　冷静，谨慎
生机勃勃，善于表达　●　稳重，不愿意主动表达
听、说、想同时进行　●　先听，后想，再说
语速快，嗓门高　●　语速慢，语调平稳
注意力容易分散　●　注意力很集中
喜欢人多的场合　●　喜欢独自消磨时间
关注问题的广度（谈话思考法）　●　关注问题的深度（沉默思考法）
能量来自与外界的互相作用　●　能量来自内心的思考与推理

非常清晰　清晰　中等　不明显　中等　清晰　非常清晰

图 2-4　E—I 维度性格特质

（2）第二维度（S—N 维度）：你获得信息的方式。

请描述你的早餐，然后描述大海（只写关键词）。

早餐：_____

_____

大海：_____

_____

请描述图 2-5，你看到了什么（只写关键词）？

图 2-5　测试图

我看到了：_____

解释：请看你所写出的所有关键词，若你写出的关键词中较多的是具体描述性的词语（如鸡蛋、咸的、包子、蓝色、爬梯子的人、光球、树、齿轮等），能通过感官直接获得并直接描述出来的，那你的观察方式就是感觉型（S）；若你写出的关键词中较多的是情感性的、联想性的词语（如营养、美味、丰盛、战争、危险、荒凉、压抑），那你的观察方式就是直觉型（N），即通过感官获得后经过情感加工或联想后进行描述。

我的 MBTI 第二维度字母是_____[感觉型（S）或直觉型（N）]。

S—N 维度性格特质如图 2-6 所示。

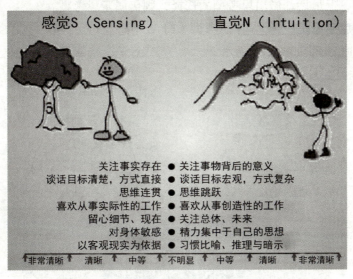

图 2-6　S—N 维度性格特质

（3）第三维度（T—F 维度）：你是如何思考并决定的？

问题：遇到下列情景，你将如何做？

某学校规定，学生被发现吸烟三次就要勒令退学，假如你是这个学校的纪律管理教师，有一名学生已经两次被你发现抽烟，并且你先前跟他谈过一次话，警告他如果有第三次就会被开除，现在这名学生在即将毕业的时候第三次吸烟被你发现，你会怎么办？选择开除还是不开除？为什么？请将理由写在下面的横线上。

选择开除还是不开除？
_____
_____

为什么这么做？
_____
_____

解释：

选择开除：思考型（字母T）；选择不开除：情感型（字母F）。

做决策时，思考型的人以事为主，情感型的人以人为主。思考型的人习惯通过分析数据、权衡事实来做出符合逻辑的、有目的的结论和选择；而情感型的人习惯通过自己的价值观来决定，他们通常对信息做出个人的、主观的评价。思考型的人用大脑来决定，情感型的人用心来决定。工作中，思考型的人讲究逻辑，喜欢分析、解决问题，尤其喜欢和具体的事物打交道；情感型的人看重所做事情的价值是否符合自己的价值观，愿意追求心灵层面的东西，喜欢和谐的工作环境。

但值得注意的是，选择同样的结果，并不代表有着同样的思考方式。如果某人从情感的角度进行思考，但最后却做出思考型的选择，则仍属于思考型。

我的第三维度字母是＿＿＿＿＿＿＿[思考型（T）或情感型（F）]。

T—F维度性格特质如图2-7所示。

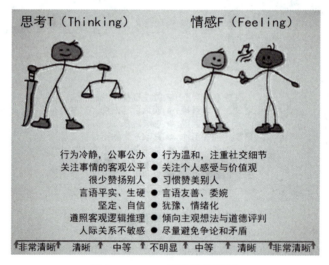

图2-7　T—F维度性格特质

（4）第四维度（J—P维度）：你采取行动的方式是什么？

回想，遇到下面类似的情况，你一般是怎么做的？

你会去吗？

假设今天是周五，你们周六上午要参加大学英语四级考试，这是你最后一次机会参加这个考试了，而且你感觉自己有不少知识点还不会，因此打算在今晚好好复习，为明天的考试做准备。但是你忽然接到一个电话，一个好朋友从外地来这里了，你们已经很久没见面了，他让你今天晚上去看他，他周六早晨离开。他让你陪他的时间正好是你复习的时间，这种情况下你会去吗？为什么？

解释：

去陪朋友：知觉型（P）；不去：判断型（J）。

知觉型的人喜欢体验生活，喜欢变化；判断型的人不喜欢意外的变化，喜欢集中精力，按部就班地处理好一件事情。

知觉型的人不喜欢计划，希望所有的事情都不要有完成的期限，注意力很容易转移，最感兴趣的就是解决问题的时候和创造新思路的阶段，但缺少一种完成任务的自制力；判断型的人喜欢计划并执行计划，井井有条是他们最喜欢的。

工作中，知觉型的人喜欢接受很多的任务却难以完成，但往往很灵活，擅于抓住机会，对他们来说，面对新环境去适应和应对远比管理更有趣；判断型的人喜欢计划与秩序，若计划被打乱就会非常烦躁，对他们来说，有系统的工作和秩序是最重要的。

我的第四维度字母是_____[知觉型（P）或判断型（J）]。

J—P维度性格特质如图2-8所示。

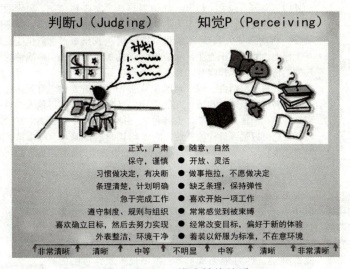

图2-8　J—P维度性格特质

第六步：阅读表2-6中MBTI 16种人格类型特征，理解自身的性格特质。

表2-6　MBTI 16种人格类型特征

ISTJ	ISFJ	INFJ	INTJ
沉静，认真；贯彻始终，值得人信赖而取得成功。讲求实际，注重事实，能够合情合理判定应做的事情，而且坚定不移地把它完成，不会因外界事物而分散精力，以做事有次序、有条理为乐。无论在工作、家庭或生活上重视传统和忠诚	沉静，友善，有责任感和谨慎。能坚定不移地担负责任。做事贯彻始终，不辞辛劳并准确无误。忠诚，替人着想，细心；往往记得他所重视的人的种种微小的事情，关心他人的感受，努力创造一个有秩序、和谐的工作和家庭环境	探索意念、人际关系和物质拥有欲的意义和它们之间的关系。希望了解什么可以激发人们的推动力，对他人有洞察力。尽责，能够履行他们坚持的价值观念。有一个清晰的理念以谋取大众的最佳利益。能够有条理、果断地去实践他们的理念	具有创意的头脑，有很大的冲劲去实践他们的理念和达到目标。能够很快地掌握事情发展的规律，从而想出长远的发展方向。一旦作出承诺，便会有条理地开展工作，直到完成为止。有怀疑精神，独立自主；无论为自己还是为他人，有高水准的工作表现

续表

ISTP	ISFP	INFP	INTP
容忍、有弹性；是冷静的观察者，但当有问题出现时，便迅速行动，找出可行的解决方法。在大量的资料中，能够分析出哪些是事情的关键，从而找出实际问题的重心。很重视事情的前因后果，能够以理性的原则把事实组织起来，重视效率	沉静、友善，敏感和仁慈。欣赏目前和他们周遭所发生的事情。喜欢有自己的空间，做事又能把握自己的时间。忠于自己所重视的人。不喜欢争论和冲突，不会强迫他人接受自己的意见或价值观	理想主义者，忠于自己的价值观及自己所重视的人。外在的工作和内在的价值观有所配合。有好奇心，很快看到事情的可能与否，能够加速对理念的实践。试图了解他人、协助他人发展。适应力强，有弹性；如果与他们的价值观没有抵触，往往能包容他人	对任何感兴趣的事物，都要探索出一个合理的解释。喜欢理论和抽象的事情，喜欢理念思维多于社交活动。沉静、满足，有弹性，适应能力强。在他们感兴趣的范围内，有非凡的能力去专注而深入地解决问题。有怀疑精神，有时喜欢批评，常常擅于分析

ESTP	ESFP	ENFP	ENTP
有弹性，容忍；讲求实际，专注及时的效益，对理论和概念上的解释感到不耐烦，希望以积极的行动去解决问题。专注于"此时此地"，喜欢主动与他人交往。喜欢物质享受的生活方式。能够通过时间达到最佳的学习效果	外向，友善，包容。热爱生命、热爱人，爱物质享受。喜欢与他人共事。在工作上，能用常识专注现实的情况，使工作富有趣味性。富有灵活性、即兴性，易接受新朋友和适应新环境。与他人一起学习新技能可以达到最佳的学习效果	热情而热心，富于想象力。认为生活充满很多可能性。能够很快找出事情和资料之间的关联性，而且有信心地依照他们所看到的模式去做。很需要他人的肯定，又乐于欣赏和支持他人。即兴而富于弹性，时常信赖自己的临场表现和流畅的语言能力	思维敏捷，机灵，能激励他人，警觉性高，勇于发言。能随机应变地去应付新的和富于挑战性的问题，擅于引出在概念上可能发生的问题，然后有策略地加以分析。擅于洞察他人。对日常例行事务感到厌倦。甚少以相同的方法处理同一事情，能够灵活处理接二连三的新事物

ESTJ	ESFJ	ENFJ	ENTJ
讲求实际，注重现实，注重事实。果断，很快做出实际性的决定。能够制订计划和组织人员以完成工作，尽可能以最大效率达到目的。能够注意日常例行工作的细节。有一套清晰的逻辑标准，会很系统地跟着去做，也想他人跟着去做。会以强硬的态度去执行计划	有爱心，尽责，合作。渴望有和谐的环境，而且有决心营造这样的环境。喜欢与他人共事以能准确地、准时地完成工作。忠诚，即使在很细微的事情上也如此。能够注意他人在日常生活中的需要而努力供应他们。渴望他人赞赏和欣赏他们所做出的贡献	温情，有同情心，反应敏捷和有责任感。高度关注他人的情绪、需要和动机。能够看到每个人的潜质，帮助他人发挥自己的潜能。能够积极地协助他人和组织的成长。忠诚，对赞美和批评都作出很快的回应。社交活跃，在一组人中能惠及他人，有启发人的领导才能	坦率、果断，乐于作为领导者。很容易看到不合逻辑且缺乏效率的管理制度，从而开展和实施一个能够顾及全面的制度去解决一些组织上的问题。喜欢有长远的计划，喜欢有一套制定的目标，往往是博学多才的。喜欢追求知识，又能把知识传递给他人。能够有力地提出自己的主张

第七步：阅读表2-7中MBTI 16种人格类型特征职业倾向的内容，理解自身的性格特质与职业匹配关系。

表2-7 MBTI 16种人格类型特征职业倾向表

ISFJ	ISFJ	INFJ	INTJ
管理者 行政管理者 执法者 会计 或者其他能够让他们可以利用自己的经验和对细节的注意完成的职业	教育 健康护理（包括生理、心理） 宗教服务 或者其他能够让他们运用自己的经验亲力亲为帮助别人的职业，这种帮助是协助或辅助性的	宗教 咨询服务（包括个人、社会、心理等） 教导/教学 艺术 或者其他能够促进他们情感、智力或精神发展的职业	科学或技术领域 计算机 法律 或者其他能够让他们运用智力创造和技术知识去构思、分析和完成任务的职业

续表

ISTP	ISFP	INFP	INTP
熟练工种 技术领域 农业 执法者 军人 或者其他能够让他们动手操作、分析数据或事情的职业	健康护理（包括生理、心理） 商业 执法者 或者其他能够让他们运用友善、专注于细节的相关服务的职业	咨询服务（包括个人、社会、心理等） 写作 艺术 或者其他能够让他们运用创造和集中于他们的价值观的职业	科学或技术领域 或者其他能够让他们基于自己的专业技术知识，独立、客观分析问题的职业
ESTP	**ESFP**	**ENFP**	**ENTP**
市场 熟练工种 商业 执法者 应用技术 或者其他能够让他们利用行动关注必要细节的职业	健康护理（包括生理、心理） 教学/教导 教练 儿童保育 熟练工种 或者其他能够让他们利用外向的天性和热情去帮助那些有实际需要的人们的职业	咨询服务（包括个人、社会、心理等） 教学/教导 宗教 艺术 或者其他能够让他们利用创造和交流去帮助促进他人成长的职业	科学 管理者 技术 艺术 或者其他能够让他们有机会不断承担新挑战的工作
ESTJ	**ESFJ**	**ENFJ**	**ENTJ**
管理者 行政管理 执法者 或者其他能够让他们运用对事实的逻辑和组织完成任务的职业	教育 健康护理（包括生理、心理） 宗教 或者其他能够让他们运用个人关怀为他人提供服务的职业	宗教 艺术 教学/教导 或者其他能够让他们帮助别人在情感、智力和精神方面成长的职业	管理者 领导者 或者其他能够让他们运用实际分析、战略计划和组织完成任务的职业

第八步：写出自己的性格特质，并思考自己的性格特质与职业发展之间的关系。

_____

_____

"不识庐山真面目，只缘身在此山中。"我们眼中的自己，与他人眼中的自己可能会有些差别，甚至是很大的差别，一个人对自己的认识常常是有局限的。

对自己性格的了解，可以不仅仅局限于 MBTI，你身边有很多资源可以帮助了解自己，如果你觉得 MBTI 的描述与你自己不符合时，或许可以借助身边的资源更好地了解自己。

对性格的理解

每种性格类型本身没有优劣之分，只是有不同的适合性
了解自己的性格类型，让我们能够更好地扬长避短，发挥你的性格优势
了解他人的性格类型，促进我们更好地沟通
重要的在于理解和完善，而非改变和对抗
性格中的态度和行为倾向可以发生改变，但那是一个"能量消耗"的过程
你可以通过性格类型来理解和原谅自己，但是不能以此作为逃避现实的借口

第九步：科学看待 MBTI 性格测试结果。

MBTI 虽然作为目前使用较广泛的一种性格测评工具，但在测评中可能存在以下问题：

（1）人的性格、心理状态是非常复杂的。如果单纯地从简单的量表测评，涉及的层面可能较浅，覆盖面有限。不能就此下定论自己是一个什么性格特质的人，但其结果具备参考价值。

（2）测试结果容易受到个人意识影响。在进行测评的时候，是依据现有的认知水平、意识层面去答题，会被自己的固有观念所影响，有些时候，看到自己喜欢的选项会下意识将自己代入进去，于是测出来的结果是"你想要看到的结果"。在做测试的时候，会有掩饰、回避、否认等心理的防御出现，会对测试结果有一定的影响。

（3）不同时期、不同情绪状态，评估出来的结果可能不同。MBTI 的理论来源于心理学家荣格，其曾表示过：人格类型不是静止的，而是流动的。一个人的自身观念、内心不是保持终身不变的，都是会随着年龄的增长、生活的经历、当下的境况不断改变的。所以，MBTI 在不同时期会测出不同的结果。

因此，MBTI 探测结果是我们理解自己性格特质的一种参考，包括其他性格测评类工具，都只是作为我们的参考。我们仍然需要在各个方面不断去理解自己的性格特质，从而才能做到全面且准确地认识自己。

视频资料：迈尔斯－布里格斯性格分类详细介绍

任务 4　价值观认知与探索

活动名称　价值观探索

活动目的　认识到价值观对个人职业选择和发展的影响；能够澄清并真正"拥有"自己的价值观；认识价值观与个人需要、人生不同阶段目标之间的关系；知道如何借助价值观市场等活动对自己的价值观进行澄清和排序。

活动材料　学生准备纸、笔

活动流程

第一步：观看视频"对话"，回答下列问题：

看完后，你有什么感想？
_____
_____
_____

视频资料：高晓松与清华学霸

> 价值观是受个体的教育、环境、个人经历等多方面影响而形成的；
> 大学生应该将个人追求与国家发展、社会需要、造福人类等相结合，树立积极的、高尚的价值观

第二步：认真阅读以下知识。

1. 价值观的概念

价值观是指个人对客观事物（包括人、物、事）及对自己的行为结果的意义、作用、效果和重要性的总体评价，是对好坏、对错、是非的判断主观判断依据。也是推动并指引一个人作决定和采取行动的原则、标准，是个体心理结构的核心因素之一。它使人的行为带有稳定的倾向性。价值观是人用于区别好坏、分辨是非及事物重要性的心理倾向体系，它反映人对是非及客观事物重要性的评价。人不同于动物，动物只能被动适应环境，人不仅能认识世界是什么、怎么样，而且还知道做什么、选择什么，并发现事物对自己的意义，规划自己，确定并实现奋斗目标。这些都是由每个人的价值观支配的。价值观决定、调节、制约个性倾向中低层次的需要、动机、愿望等，它是人的动机和行为模式的统帅。人的价值观建立在需求的基础上，一旦确定则反过来影响调节人进一步的需求活动。人们对各种事物，如学习、劳动、享受、贡献、成就等，在心目中存在主次之分，对这些事物的轻重排序和好坏排序构成一个人的价值观体系。价值观体系是决定一个人行为及态度的基础。价值观受制于人生观和世界观，一个人的价值观是从出生开始，在家庭和社会的影响下，逐渐形成的，一个人价值观的形成受其所处的社会生产方式及经济地位的影响是决定性的，在一定程度上是不可逆的。具有不同价值观的人会产生不同的态度和行为。

2. 马斯洛需求理论

1954 年，心理学家亚伯拉罕·马斯洛（Abraham H. Maslow）出版了一本著作——

《动机与人格》(Motivation and Personality)。在这本书中，他从人类动机的角度提出了需求层次理论，该理论强调人的动机是由人的需求决定的。而且人在每个时期，都会有一种需求占主导地位，而其他需求处于从属地位。马斯洛需求理论将需求分成五级，通常被描绘成金字塔。从层次结构的底部向上，需求分别为生理需求（食物和衣服）、安全需求（工作保障）、归属和爱需求（友谊）、尊重需求和自我实现需求。图2-9所示为马斯洛需求理论模型。

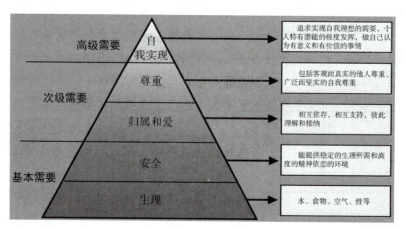

图 2-9　马斯洛需求理论模型

（1）第一层次：生理需求。生理需求是指人类维持自身生存的最基本需求，包括呼吸、水、食物、睡眠、性等健康方面的需求。生理需求是推动人行动的最强大的动力，在这一层次的人表现出的需求就是动物性需求，以生存为最大目标。原始社会的人类，由于物质的匮乏，人类的需求就是生理需求。只有在这些最基本的需要被满足，以维持生存所必需的后，其他的需要才能成为新的激励因素。而到了此时，这些已相对被满足的需要也就不再成为激励因素了。古人讲："仓廪实而知礼节"。只有吃饱穿暖了，才知道礼节的重要，礼节就是相对高层的尊重，情感的需要。

（2）第二层次：安全需求。安全需求是指人对安全、秩序、稳定及免除恐惧、威胁与痛苦的需求，如人身安全、健康保障、资源所有性、财产所有性、道德保障、工作职位保障、家庭安全等。这就相当于人从原始社会到了奴隶社会，奴隶社会出现了私有财产，人自然有了对于自身安全、财产保护、家庭安全的需求。社会有机体的机制是追求安全，人的感受器官、效应器官、智力和其他能量主要是寻求安全的工具，甚至可以将科学和人生观都看成是满足安全需要的一部分。当然，当这种需要一旦得到相对满足后，也就不再成为激励因素了。

（3）第三层次：情感和归属的需求。情感和归属的需求是指人要求与他人建立情感联系，以及隶属于某一群体并在群体中享有地位的需求。这一层次的需求包括两个方面：一是友爱的需求，即人人都需要伙伴之间、同事之间的关系融洽或保持友谊和忠诚，也都希望得到爱情，希望爱他人，也渴望接受他人的爱；二是归属的需求，即人都有一种归属于一个群体的感情，希望成为群体中的一员，并相互关心和照顾，这种需求属于较高层次的需求，该层次的需求表现了人的社会属性。人人都希望融入社会，归属于一个团体、组织、家庭，希望得到相互的关心和照顾。感情上的需求比生理上的需求来得细致，它与一个人的生理特性、经历、教育、信仰都有关系。

（4）第四层次：尊重的需求。尊重的需求是指自我尊重、信心、成就、对他人尊重、被他人尊重，属于较高层次的需求，如成就、名声、地位和晋升机会等。尊重需求既包括对成就或自我价值的个人感觉，也包括他人对自己的认可与尊重。人人都希望自己有稳定的社会地位，要求个人的能力和成就得到社会的承认。尊重又可分为内部尊重和外部尊重。内部尊重是指一个人希望在各种不同情境中有实力、能胜任、充满信心、独立自主。总之，内部尊重就是人的自尊。外部尊重是指一个人希望有地位、有威信，受到他人的尊重、信赖和高度评价。尊重需求得到满足，能使人对自己充满信心，对社会满腔热情，体验到自己活着的用处和价值。外部尊重和内部尊重是不同的，外部尊重会使人重视追求外在的成功。相反，内部尊重能使人找到自己内心的平静。

（5）第五层次：自我实现的需求。自我实现的需求是最高层次的需求，是指实现个人理想、抱负，发挥个人的能力到最大程度，表现为创造力、自发性、解决问题、接受现实的能力。达到自我实现境界的人，接受自己也接受他人，解决问题能力增强，自觉性提高，善于独立处事，可以不受打扰地独处，完成与自己的能力相称的一切事情。

马斯洛提出，为满足自我实现的需求所采取的途径是因人而异的。自我实现的需求是在努力挖掘自己的潜力，使自己慢慢成为自己所期望的人（成为更好的自己）。自我实现需求和尊重需求的不同在于，自我实现是以自我为关注点，而尊重需求中的成就，被他人尊重可能更多以外部成功、外部认可为关注点。但是自我实现的需求产生的主动性、内驱力会更持久、更强烈。

3. 对马斯洛需求理论的评价

马斯洛需求理论在心理学领域及现代行为科学中占有重要地位。马斯洛需求理论是管理心理学中人际关系理论、群体动力理论、权威理论、需要层次理论、社会测量理论的五大理论支柱之一，但同时也受到了一些质疑和挑战，对其评论从积极与消极两方面进行了总结。

（1）积极方面。

①马斯洛提出人的需求有一个从低级向高级发展的过程，这在某种程度上符合人类发展需求的一般规律。

②马斯洛的需求层次理论指出了人在每个时期，都有一种需求占主导地位，而其他需求处于从属地位。这一点对于管理工作具有启发意义。

③马斯洛需求层次理论的基础是人本主义心理学，人的内在力量不同于动物的本能，人要求内在价值和内在潜能的实现乃是人的本性，人的行为是受意识支配的，人的行为是有目的性和创造性的。

（2）消极方面。

①需求层次理论存在着人本主义局限性。

②人的动机是行为的原因，而需求层次理论强调人的动机是由人的需求决定的。

③需求归类有重叠倾向。

④需求层次理论具有自我中心的倾向。

⑤需求满足的标准和程度是模糊的。

⑥大多数行为是多动机的，即同时由多个基本需求决定，理论并未明确。

所以，在应用该理论时需要注意其局限性，并结合其他理论和实践经验来更好地理解需求和动机的问题。

4. 工作价值观

工作价值观是指无论你从事什么工作，都会努力在工作中追求的东西，是个人对工作的核心信念和追求的价值观念，也是在工作中个人所追求的目标、原则和行为准则。每个人的工作价值观可能不同，因为它们受到个人的背景、经历、教育和个性等多种因素的影响。

第三步：自我价值观探索。

（1）从下面价值观中选出符合自己的价值观。如若没有，可以增加符合自己价值观的词语。

人际关系/归属感，团队合作，物质保障/高收入，稳定，安全，创造性，多样性和变化性，新鲜感，乐趣，自由独立（时间，工作任务），被认可，受尊重，能帮助他人，能发挥自己的才能，成就感，成功，名誉，地位，自主独立，有学习/发展/成长的机会，权力（领导/影响他人），有益于社会，挑战性，冒险性，竞争，符合自己的道德观，工作环境，工作与生活平衡，家庭，朋友，亲密关系，健康，信仰，自由……

（2）从上面的词语中（如果列表中没有可以自己创造增加）选出八个你最看重的、觉得最重要的价值观，填入表2-8中。

表2-8 价值观体系列表

价值观1	价值观2	价值观3	价值观4	价值观5	价值观6	价值观7	价值观8

（3）在白纸上对你挑选的重要价值观进行描述，即要达到什么样的程度你才能满意。

（4）现在，如果你不得不放弃其中的一条，你会放弃哪一条？

（5）如果你不得不再次放弃剩下7条中的一条，你会放弃哪一条？

（6）继续下去，直到剩下最后一条。这是否是你无论如何也不愿意放弃的？

（7）请按照你放弃的顺序，依次填入表 2-9 中。

表 2-9 价值观排序列表

价值观 1	价值观 2	价值观 3	价值观 4	价值观 5	价值观 6	价值观 7	价值观 8
最后留下的纸条	第七次放弃的纸条	第六次放弃的纸条	第五次放弃的纸条	第四次放弃的纸条	第三次放弃的纸条	第二次放弃的纸条	第一次放弃的纸条

总结：这八个价值观构成了你目前的价值观体系，并且按照你认为的重要程度进行了排序，对你的价值观进行了澄清，在未来的学习和生活中，你可以多注意自己的价值观取向，即什么让你做出了判断和选择。

职业发展为什么要考虑价值观？

价值观定义了你是谁。

我们的最高人生目标和最重要的价值观具有一致性时，人才会觉得和谐。幸福的人生是每一天对你而言重要的价值观都能被重视和彰显。

价值观在人们的职业生涯发展中起到极其重要的、决定方向性的作用，甚至往往超过了兴趣和性格对我们的影响。

当我们有矛盾冲突，或妥协与放弃时，常常也是出于对价值观的考虑。

观看视频：钱学森五年归国路

任务 5 能力认知与探索

活动名称 能力探索

活动目的 正确理解能力的概念及分类;能够对技能进行探索和分类;掌握不同能力的特征与提升方法;学会合理描述自己所具备的技能。

活动材料 纸、笔

活动流程

第一步:请认真思考并完成下列问题。

(1)写出自己目前拥有的技能。
_____
_____
_____
_____

(2)写出自己最希望提升的能力。
_____
_____
_____
_____

(3)写出你认为最重要的能力。
_____
_____
_____
_____

第二步:阅读并理解以下知识点。

1. 能力的概念

能力(Ability)是人们顺利完成某种活动的心理条件及一个人在完成某项任务或达到某个目标时所具备的技能、知识和经验。它不仅包含了一个人现在已经达到的水平,而且包含了一个人所具有的潜力。能力是决定一个人能否成功完成任务或达到目标的重要因素之一。

2. 能力的一般分类

能力有多种分类方法,没有统一的标准。通常,我们将能力分为能力倾向、知识和技能三大类。

(1)能力倾向:经过适当训练或被置于适当的环境下完成某项任务的可能性,也就是说,能力倾向是指一个人能学会做什么,以及一个人获得新的知识和技能的潜力如何,而不是当时就已经具备的现实条件。职业能力倾向是指经过适当学习或训练后或被置于一定条件下时,能完成某种职业活动的可能性或潜力。

（2）知识：知识是符合文明方向的，人类对物质世界及精神世界探索的结果总和。知识，至今也没有一个统一而明确的界定。有一个经典的定义来自柏拉图：一条陈述能称得上是知识必须满足三个条件，即它一定是被验证过的，正确的，而且是被人们相信的，这也是科学与非科学的区分标准。

（3）技能：技能（Skill）是人们通过后天学习和练习而获得的能力，通常表现为某种动作系统和动作方式。

三类能力相互影响： 知识、技能与能力倾向构成了整体能力的表现。首先，能力是在掌握知识、获得技能的过程中形成与发展的，离开了学习和训练，任何能力都不可能得到发展。随着人的知识、技能的积累，人的能力也会不断提高。其次，能力的高低又是掌握知识、获得技能的重要前提，是掌握知识的内在条件和可能性，制约着掌握知识的快慢、深浅、难易和巩固程度。从一个人掌握知识、技能的速度与质量上，可以看出其能力的大小。但是，能力、知识、技能的发展并不是完全一致的。在不同人的身上，可能具有相同的知识，但他们的能力发展水平并不一定相等；而具有同样能力发展水平的人也不一定具有同等水平的知识。能力是掌握知识、技能的前提，又是掌握知识、技能的结果。两者互相转化，互相促进。

3. 心理学家对能力的分类

心理学家辛迪·梵和理查德·鲍尔斯将能力分为三种类型，即知识性技能、可迁移技能、自我管理技能。

（1）知识性技能常常与我们的专业学习或工作内容直接相关，它往往需要经过有意识的、专门的学习和训练才能获得，如修理汽车的技能、跳舞的技能、编程的技能等。这种技能一般都具有较强的针对性，在某一有限领域内使用并且有着重要的作用。但知识性技能的可迁移性相对较差，不容易迁移到另一工作领域中。

注： 在职业的发展中，掌握组合型知识性技能的人具备竞争优势，可称为复合能力型人才，就是指掌握不同知识技能的人在职业发展中更有竞争力（如平面设计的学生选修消费心理学）。

知识性技能获得的一般途径和方法： 在校教育与专项训练；业余辅导，自学相关课程；专业会议、讲座、研讨会、培训会；资格认证考试培训；岗前培训、在职教育。

视频资料：专业知识技能概念

（2）可迁移技能也称为通用能力，其最大特点是可以应用到不同工作之中，即不同的工作岗位、职业，都会使用到的能力，如学习能力，问题解决分析能力，创新能力，团队组织、协作能力等。这种能力可以通过专门学习获得，也可以从生活中的方方面面，特别是工作之外而获得。所以，可迁移技能具有持续运用、持续发展和持久依靠的特点。

可迁移技能获得的一般途径和方法： 多参与实践与活动，归纳总结积累经验；多观察学习，多体会；专业的通用能力训练；业余爱好，娱乐休闲，社团活动，团队活动。

视频资料：如何提升可迁移技能

（3）自我管理技能往往是一种品质，并非一项具体能力，是指个体在不同的环境下如何管理自己的能力。自我管理技能包括敬业、抗压、工作热情、自信、耐心、细致等。这种能力具备品质特征，良好的自我管理技能帮助个体更好地适应工作环境，应对工作中出现的问题，也被称为适应性技能（有工作稳定性的价值）。自我管理技能是个人的品质，也是个人最有价值的资产。

自我管理技能获得的一般途径与方法： 自我管理技能是需要日常积累和练习的，可以从非工作领域（生活）中迁移到工作领域，如耐心、负责、有纪律等，并不一定是通过专门的课程学习获得，更多的是日常生活中随时随地培养。自我管理技能的提高往往开始于自我认知的提高，擅于发现自己的自我管理技能薄弱的地方，从而开始注重自己的自我管理能力的提升。自我管理技能是个体的其他能力可以持续发展的"地基"。

三种能力对个体的发展都很重要，它们只在不同的方面起着不同的作用，体现着不同的价值，但其又互相影响。其关系如图2-10所示。

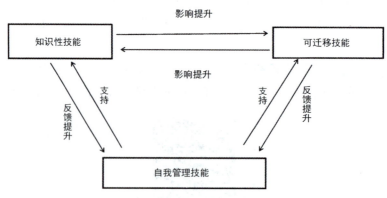

图2-10 三种能力关系图

三种能力与职业发展之间有一定的对应关系，他们在不同的岗位、职业之中，在职业发展的不同阶段有着不同的影响。三种能力与职业发展的关系见表2-10。

表 2-10　三种能力与职业发展的关系

能力	与职业发展对应关系
知识性技能	职业发展的基础，解决就业，一技之长，专业直线发展的重要依赖，职业纵轴向上发展的重要依托能力
可迁移技能	职业横轴的重要依托技能，是职业发展的空间、高度、跨界多元的重要技能。具备持续运用、持续发展和持久依靠的特点
自我管理技能	是个人最有价值的"资产"，是影响职业生涯成功与否的关键。是一个人习惯及品质的重要表现，是个人职业发展最重要的基础能力

第三步： 撰写成就故事（表 2-11）。

表 2-11　撰写成就故事

撰写成就故事	
请写出 3 件自己觉得比较有成就的故事，看看在这些事件中自己展现了哪些能力	事件 1：_____ 事件 2：_____ 事件 3：_____
事件中自己展现的能力：	

第四步： 自我能力探索分析。

请结合你自身的经历，对自己做能力分析与总结，填入表 2-12 中。

表 2-12　能力评估表

程度 \ 等级		我非常看重并且很需要的能力	我一般看重且一般需要的能力
非常熟练	知识性技能		
	可迁移技能		
	自我管理技能		
一般性熟练	知识性技能		
	可迁移技能		
	自我管理技能		
不太熟练	知识性技能		
	可迁移技能		
	自我管理技能		

通过能力评估表，可以清晰掌握自己的各项能力分布与彼此关系，从而能够帮助自己设定准确清晰的能力提升计划（具体提升计划与实施于手册部分完成）。

任务 6 自我管理认知与探索

自我管理包括了解自己，了解自己是自我管理的基础。自我管理可以视为与自我的关系管理，就是指个体对自己本身，对自己的目标、思想、心理和行为等表现进行的管理，自己将自己组织起来，自己管理自己，自己约束自己，自己激励自己，自己管理自己的事务，最终实现自我奋斗目标的一个过程。自我管理注重的是一个人的自我教导及约束的力量，即行为的制约是通过内控的力量（自己），而非传统的外控力量（教师、家长）。自我管理是一个持续的过程，需要个体不断地学习、反思、实践、调整和积累。通过不断的努力和坚持，自己会不断地提升个人能力、增强自信心，并不断增强社会适应能力，不断促进个人发展，实现个人价值和社会价值的最大化，为社会的发展和进步做出贡献。

自我管理包括时间管理（时间分配、计划与执行）、健康管理（心理健康、思想健康、身体健康）、习惯管理（行为与习惯）。

活动1名称　时间管理

活动1目的　通过进行时间管理活动，让学生理解时间管理的价值及目前自身在时间管理中存在的不足；掌握时间管理的方法。

活动1材料　纸、笔

活动1流程

第一步：认知时间管理的概念。

时间管理是指通过事先规划和运用一定的技巧、方法与工具实现对时间的灵活及有效运用，从而实现个人或组织的既定目标的过程。

视频资料：时间观念与时间管理

第二步：（1）请回忆通常情况下你一天都做哪些事情，用了多少时间，并将它们列在"我通常的24小时"（表2-13）中，表格可自己增加行或列。

表2-13　我通常的24小时

事项	所用时间
吃饭	3小时

（2）请将表2-13中列出事项的时间进行汇总，计算出列表中每件事情所用时间的总和。

①某事项花费的总时间：_____。

②一天24小时减去某事项总花费时间等于：_____。

（3）请思考自己24小时的时间花费情况及感受。

_____

_____

启示：通过对过往24小时的回顾，知觉时间的丧失，体验与感知自己与时间的关系。

（1）我们通过回顾过往事件感知时间。时间是抽象的，我们如何去感知它？我们可以通过对自己所经历的过往事件来感知时间。在我们对自己过往的24小时的回顾中发现，当回顾过往事件时，我们才感觉到时间伴着我们每时每刻的行动而流逝，以至于我们觉察不到。

（2）在通常情况下，我们会错误地预估时间。我们对时间的预估会出现控制错觉。例如，老师问学生，"你每天会用多少时间学习？"大多数学生会乐观地回答："至少上课时间是可以保证的。"我们会乐观地认为，能够预测并控制这个过程中的随机事件。但事实上预估的时间常常与我们实际发生的情况不一致。虽然如此，我们还是相信自己能够在预计的时间中完成任务。这是我们对自己进行自我保护的一种"自我服务"的心理机制，它既服务于我们又使我们产生对行为控制的错觉。

第三步：学习时间管理的四象限法（表2-14、表2-15）。

表2-14 时间管理的四象限法

四象限法	解释	策略
视频资料：四象限法则	第一象限：第一象限包含的是一些紧急而重要的事情，这一类的事情具有时间的紧迫性和影响的重要性，无法回避也不能拖延，必须首先处理、优先解决。它表现为重大项目的谈判、重要的会议工作等	优先做
	第二象限：第二象限不同于第一象限，这一象限的事件重要但时间不紧迫，往往对于个人或企业的存在和发展及周围环境的建立维护具有重大的意义	提前规划、重点对待，有计划去做
	第三象限：包含的事件是紧急但不重要的事情，因此这一象限的事件具有很大的欺骗性。很多人在认识上有误区，认为紧急的事情都显得重要，实际上，像无谓的电话、附和他人期望的事件等都并不重要。这些不重要的事件往往因为它紧急，就会占据人们很多宝贵的时间	他人去做，或利用闲碎时间去做
	第四象限：第四象限的事件大多是些琐碎的杂事，不紧急也不重要，没有时间上的紧迫性，也不重要。时间价值是非常低的	减少做

表 2-15　事情与时间分配比例建议

紧急重要的事情：10%，紧急重要的事情之所以总是处理不完，令人焦头烂额，就是因为日常没有把"重要不紧急"的事情做好	重要不紧急：80%，这部分要集中精力、花费大量时间去做，忙碌但绝不盲目，长时间去做效果非常好
不紧急不重要：5%，适当做或尽量少做，绝对不沉迷	紧急不重要：5%，这类事情价值小，能交给他人帮忙的尽量交给他人做
注：比较好的时间管理方法应该是由经常焦头烂额地处理"重要紧急"的事情和沉迷"不重要不紧急"的事情，转向把所有核心精力都用于处理"重要但不紧急"的事情——未雨绸缪，才不会手忙脚乱，从而轻松面对困难		

拓展知识

时间管理 GTD 法（表 2-16）。

表 2-16　时间管理的 GTD 法

	GTD，Getting Things Done 的缩写，来自 David Allen 的一本畅销书 *Getting Things Done*。GTD 的核心理念在于只有将你心中所想的所有的事情都写下来并且安排好下一步的计划，你才能够心无挂念、全力以赴地做好目前的工作，提高效率。GTD 通过将所有的这些事情都罗列出来再进行分类，确定下一步的处理方法，将所有这些悬而未解决之事都纳入可控的一个管理体系中
 **视频资料：GTD 具体方法**	GTD 的具体做法可以分成收集、整理、组织、回顾与行动五个步骤
	GTD 工具： 1.Remember the Milk　　2.Thinking Rock 3.Doit.im　　　　　　　4.MonkeyGTD 5.GTDInbox　　　　　　6.My Life Organized

第四步：掌握时间管理基本程序。

（1）评估。

评估包括评估时间利用情况、浪费时间的情况及个人的最佳学习时间。

（2）计划。

①制订具体工作目标及重点。

②选择有效利用时间的方法与策略。

③列出时间安排表。

（3）实施计划。

①集中精力。

②学会"一次性处理"或"即时处理"。

③关注他人时间。

④有效控制干扰。

（4）评价。

评价时间安排是否合理有效、活动主次是否分明、有无时间浪费情况。

拓展知识

时间管理金律（表2-17）。

表2-17 时间管理金律

时间管理金律	
要和你的价值观相吻合	你一定要确立个人的价值观，假如价值观不明确，你就很难知道什么对你最重要，当你价值观不明确时，时间分配一定不好。时间管理的重点不在于管理时间，而在于如何分配时间。你永远没有时间做每件事情，但你永远有时间做对你来说最重要的事情
设立明确的目标	成功等于目标，时间管理的目的是让你在最短的时间内实现更多你想要实现的目标；你必须把年度4～10个目标写出来，找出一个核心目标，并依次排列重要性，然后依照你的目标设定一些详细的计划，你的关键就是依照计划进行
改变你的想法	美国心理学之父威廉·詹姆士通过对时间行为学的研究发现这样两种对待时间的态度："这件工作必须完成，但它实在讨厌，所以我能拖便尽量拖"和"这不是件令人愉快的工作，但它必须完成，所以我得马上动手，好让自己能早些摆脱它"。当你有了动机后，迅速踏出第一步是很重要的。不要想立刻推翻自己的整个习惯，只需强迫自己现在就去做你所拖延的某件事情。然后，从明早开始，每天都从你的list中选出最不想做的事情优先做
遵循20比80定律	生活中肯定会有一些突发和迫不及待要解决的问题，如果你发现自己天天都在处理这些事情，那表示你的时间管理并不理想。成功者花最多的时间在做最重要的事情，而不是最紧急的事情上，然而一般人都是做紧急但不重要的事情
安排"不被干扰"时间	每天至少要有半小时到一小时的"不被干扰"时间。假如你能有一个小时完全不受任何人干扰，把自己关在自己的空间里面思考或工作，这一个小时可以抵过你一天的工作效率，甚至有时候这一小时比你三天的工作效率还要好

续表

时间管理金律	
严格规定完成期限	帕金森（Cyril Northcote Parkinson）在其所著的《帕金森法则》（Parkinsons Law）中，写下这段话："你有多少时间完成工作，工作就会自动变成需要那么多时间。"如果你有一整天的时间可以做某项工作，你就会花一天的时间去完成它。而如果你只有一小时的时间可以做这项工作，你就会更迅速有效地在一小时内完成它
做好时间日志	你花了多少时间在做哪些事情，把它详细地记录下来，早上出门（包括洗漱、换衣服、吃早餐等）花了多少时间，搭车花了多少时间，出去拜访客户花了多少时间……把每天花的时间一一记录下来，你会清晰地发现浪费了哪些时间。这和记账是一个道理。当你找到浪费时间的根源，你才有办法改变
理解时间大于金钱	用你的金钱去换取他人的成功经验，一定要抓住一切机会向顶尖人士学习。仔细选择你接触的对象，因为这会节省你很多时间。假设与一个成功者在一起，他花了40年时间成功，你跟5个这样的人交往，你就浓缩了他人200年的成功经验
学会列清单	把自己要做的每件事情都写下来，这样做首先能让你随时都明确自己手头上的任务。不要轻信自己可以用脑子把每件事情都记住，而当你看到自己长长的list时，也会产生紧迫感
同一类的事情最好一次把它做完	假如你在做纸上作业，那段时间都做纸上作业；假如你是在思考，用一段时间只作思考；如果打电话，最好把电话累积到某一时间一次把它打完。当你重复做一件事情时，你会熟能生巧，效率一定会提高
每分钟都要做最有效率的事情	你必须思考要做好一份工作，到底哪几件事情是对你最有效率的，列下来，分配时间把它做好

活动2名称　健康管理

活动2目的　通过进行健康管理活动，让学生理解健康管理的价值及目前自身在健康管理中存在的不足；掌握健康管理的方法。

活动2材料　纸、笔

活动2流程

第一步：认知健康管理概念。

健康管理是指一种对个人或人群的健康危险因素进行全面管理的过程。其宗旨是调动个人及集体的积极性，有效地利用有限的资源来达到最大的健康效果。健康管理以现代健康概念（生理、心理和社会适应能力）和新的医学模式（生理—心理—社会），通过采用现代医学和现代管理学的理论、技术、方法和手段，对个体和群体整体健康状况及影响健康的危险因素进行全面评估、管理的行为及过程。在这里，我们重点指的是健康的行为习惯、思想与心理，以及健康的运动管理。

第二步：完成健康管理自我反思表（表2-18）。

表 2-18　健康管理自我反思表

回想自己有哪些不太利于健康的习惯呢（如不吃早餐、很少运动等）？	回想自己有哪些健康的习惯呢？（如坚持吃早餐）

给自己一些健康管理的建议：

活动 3 名称　习惯管理

活动 3 目的　通过进行习惯管理活动，让学生理解习惯管理的价值及目前自身在习惯管理中存在的不足；掌握习惯管理的方法。

活动 3 材料　纸、笔

活动 3 流程

第一步：认识习惯。

人的一生，就是无数习惯的总和。"播下"一种行为，收获一种习惯；"播下"一种习惯，收获一种命运。好的习惯对人的一生至关重要。习惯就是人们积久养成的思考和行动的方式。当频繁使用某种思考和行动的方式而使其几乎变成了一种自动行为时，习惯就产生了。

习惯可分为普通习惯与核心习惯两大类。普通习惯是简单、基本而分散的习惯：早上起床的时间、上班的路线、拿叉子的方式等；核心习惯是比较特别的习惯，之所以特别，是因为它们会对普通习惯产生影响。核心习惯就像吃豆人游戏中的吃豆人，它们到处搜寻普通习惯并且把它们"吃掉"。培养核心习惯是习惯发生巨大改变的关键所在。

例如，新年伊始，你下定决心要减肥。有位喜欢跑步的好朋友告诉你跑步对减肥很有效果，于是你决定开始跑步（核心习惯）。你本来很讨厌跑步，不过坚持一段时间后，体重减轻了3千克。有天晚上去参加聚会时,一个熟人夸奖了你,说你减肥成功,魅力十足。那晚回家的时候,你的心情非常愉悦,仿佛整个人都飘了起来。第二天早上,你决定少吃垃圾食品(普通习惯),再也不吃得太饱(普通习惯)。你想变得身材更好,所以决定更努力地跑步,还决定少抽烟(普通习惯)。虽然仅仅养成了跑步这么一个核心习惯,但随之一连串的连锁反应却使你改掉了3种普通习惯:吃垃圾食品、吃得过饱和抽烟。这就是核心习惯的独特性和力量所在。

所以,核心习惯比普通习惯在生活和工作上更有影响力。

第二步:掌握培养好习惯的方法。

培养好的习惯需要以下三个步骤。

1. 明确目标并能够识别围绕目标的好习惯与坏习惯

首先,要能够识别哪些是好习惯,哪些是坏习惯。好习惯和坏习惯是相对于目标而言的,所以,明确目标是鉴别好习惯与坏习惯的标准。每个人设定的目标不同,因此,每个人的好习惯和坏习惯也有所差异。例如,某人膝关节曾经受过伤,不能长时间走路或跑步,那么坚持跑步的习惯对于他来说就不是一个好习惯;反之,对于一个有减肥目标的健康的人来说,坚持跑步则是一个好习惯。只有明确了自己的目标,才能够识别自身习惯的好与坏。这其中有一些习惯被公认为是好习惯,另一些则被公认为是坏习惯。

(1)公认的好习惯:准时吃早餐、真诚地欣赏他人的优点、尊重他人、坚持学习、规律睡眠、守纪、控制情绪、耐心倾听他人讲话、定期体检等。好的习惯,是有益于自己的生活、健康、学习及工作的,也是有益于他人、益于社会的。

(2)公认的坏习惯:说谎、懒惰、嘲笑讥讽他人、吃不健康的食品、逃避责任、敷衍、没有纪律性等。坏的习惯,既不利于自己的生活、健康、学习及工作,也不利于他人、组织与社会。

2.评估习惯并进行改变

在鉴别出这些对既定目标起关键影响作用的好习惯和坏习惯以后,就要采取相应措施,使好习惯得到保持发扬,坏习惯得到改正。这就是习惯管理的第二步,即采取措施巩固好习惯,纠正坏习惯。

那如何才能改正不好的习惯呢?我们首先应该明白习惯并非确定不变的,习惯是可以改变的,关键是了解习惯形成的三个步骤,即暗示—惯常行为—奖赏。

第一步,存在着一个暗示,能使大脑进入某种自动行为模式,并决定使用哪种习惯。例如,今天要不要吃早餐呢?吃早餐利于身体健康,不吃不利于身体健康(暗示)。

第二步,存在着一个惯常行为,这可以是身体、思维或情感方面的。例如,暗示了吃早餐有利于身体健康,不吃不利于身体健康,那么,马上做早餐(行为)。

第三步,奖赏,这使你的大脑辨别出是否应该记下这个回路,以备将来之用。例如,做完早餐后，自己得到了丰盛的早餐（奖励），吃完后，觉得对自己的健康有帮助，心理获得满足感（奖励），甚至发了朋友圈，得到朋友点赞（奖励），决定以后继续保持吃早餐的习惯。

因此，改变坏习惯或加入一个好的习惯都是从认知开始，即暗示自己这样做的益处，然后进行行动，最后得到奖励，满足暗示的成就感，一个好的习惯就以此开始了。

3. 控制与坚持，养成持久的好习惯

如何将一个好的行为持续保持并形成良好习惯呢？那就是强化目标并建立奖励与惩罚机制。

强化目标在这里可以理解为增强目标感，目标感的核心不是目标，而是"感"，就是能感受到自己真正想要的东西，并能以此支撑行动。怎样才能增强目标感呢？要从目标导向、目标分解及行动几个方面着手。目标导向是指要将长远的愿景目标导向分解、转换成近期的现实目标导向，现实目标导向是以现实情况为基准的，力图解决自己目前最需要解决的问题。现实目标导向拉近了目标的达成距离，从而容易体验到目标达成的成就感，增强了目标感。另一方面就是即时行动，只有即时行动才有可能达到目标，从而才能增强目标感。

奖励与惩罚机制是强化激励习惯的一种方法，当我们培养某一良好习惯时，可以为自己设立奖励，如自己如果能坚持每天吃早餐达到7天，奖励自己一套衣服，如果连续吃早餐15天，奖励自己一次短途旅行等。某一良好行为若能持续进行，一段时间后即可成为习惯。反之，如果不能连续7天吃早餐，将惩罚自己1个月内不能购买任何零食等。奖励与惩罚可以自己监督，也可以请亲人、朋友、同学监督。

学习单元三
外部环境探索

> 我们面对的最大问题是,当我们进入职场时,职场已经不是当初我们认为的样子。
> ——金树人

任务1　专业的深入思考与可行性拓展

活动名称　专业探索

活动目的　认识专业与职业的关系；认识自己所学专业未来的职业发展；对自己所学的专业，进行更多的就业可能性的思考，拓宽自己的就业范围，让自己有更多的就业思考与选择；激发专业学习的兴趣与热情，做好自己的学习计划。

活动材料　本校开设的专业及就业岗位介绍资料、大白纸、马克笔、透明胶、白板

活动流程

第一步：资料查阅。

请认真查阅自己所学专业的介绍、课程设置及主要就业方向。

第二步：头脑风暴。

请用头脑风暴的方法讨论与专业相关的工作有哪些。充分想象，但要合理。各组将所有联想到的工作记录在大白纸上，然后进行讲解展示。

要点提示：通过联想活动，体验与感知专业和技能具有交叉性和变通性。觉察自己专业相关的职业有哪些，帮助自己有更广阔的职业选择和发展的空间。

第三步：教师总结（活动后的体验与发现）。

（1）一件产品会涉及许多的人和工作，无论是研发、生产、销售、管理还是服务，都会涉及，且需要不同的专业背景和技能。很多专业和技能是交叉的，而且是可以变通的，人才在这里可以进行纵向或横向的流动。因此，同一个专业的学生可以从事多种职业，而同一个职业又会涉及多种岗位，职业与岗位或与专业直接对应，或与专业间接对应，甚至是新产生的。其实任何一个专业都有着很大的职业选择空间，如果没有对此进行认真思考

与分析，它们很可能与我们失之交臂。思考我们所学专业发展的更多可能性，以及职业选择的更多可能性，能够拓宽我们未来的职业选择范围，拓展自己的发展空间。

（2）从多角度认识不同学科，不同产业、行业之间的合作与融合发展。随着知识社会的到来，学科与产业的发展从"高度分化"迈向"交叉融合"，这是学科发展的趋势，也是人才培养的方向。复合型创新型人才的培养，必然涉及学科的互涉、专业的交流与合作。以问题为导向的大学教育的新趋势要求学生具备"知识整合能力""问题解决能力""沟通合作能力"等核心能力。因此，高职生在大学期间要主动以钻研的态度掌握本专业的前沿动态，以开放的视野了解本专业与其他领域的合作空间，以持续的好奇训练自己的创造性思维和能力。

启发： 如果对自己所学的专业未来就业的方向能够有更多、更全面的认知、挖掘和发现，则可以拓宽自己未来从业的范围，从而增加选择性，有利于个体的职业选择。

第四步： 小组讨论，自己正在学习的专业有哪些课程需要学习？还有哪些实践活动要参与？有哪些比赛？有哪些证书要考取？毕业后有哪些工作可以从事？

案例分享

火箭心脏"钻刻师"何小虎

身为航天装备制造业领域的高技能人才，何小虎（图3-1）把青春梦融入航天梦，从"普通工人"到"大国工匠"，他用行动助力航天强国梦的实现，也一步步实现着自己航天报国的人生理想。

1986年，何小虎出生于革命圣地延安。中学时代的他，便在心底埋下了航天梦的"种子"。那是2003年，电视前的何小虎看到杨利伟乘坐飞船进入太空的新闻，"如果有一天，自己也能参与到伟大的航天事业中，该有多好！"此后，他加倍努力，考入陕西工业职业技术学院学习机械制造与自动化专业，并在毕业时"过关斩将"，以实操第一名的成绩进入航天六院，如愿成为一名"航天人"。

上班第一天，看着车间里的机器，何小虎问了师傅一个问题："用这样的车床，我们怎么加工出高科技的火箭发动机？""航天人就是要沉得下心，去锻炼技能！"师傅的回答，让何小虎彻底静下了心。从此，"最早进入车间、最晚回到宿舍"成为何小虎的工作常态。每天进行机械加工，钻、削、锉、磨，有时一个动作重复几百遍，他从没有喊过一声累。

何小虎以勤奋踏实、精益求精的态度，从普普通通的学徒工迅速成长为技术精湛的航天工匠。同时，他也更加深刻地体会到：要从"中国制造"升级为"中国智造"，依然还有很长的路要走。对新技能的研发和攻关，成为他的追求。"我喜欢给自己设定一个较难的目标，然后不断去挑战和突破自己，最终享受这种挑战带来的充实感。"何小虎说。离心式喷嘴加工精度直接影响液体火箭发动机燃烧的稳定性，可能导致火箭发动机剧烈振动、局部烧蚀，因此，其精度要求极为苛刻。作为精密组件，每个喷嘴有12个直径为1.05毫米的孔，精度误差全部要控制在0.005毫米以内，而每台发动机则需要200余个喷嘴同时工作，加工难度极大。

2017年，何小虎决定承担起这项艰难的任务。无数次失败后，最终攻克难关。产品合格率从60%提高到99.9%以上，生产效率提高两倍多，每年为企业节约成本上百万元。在不断挑战自我的道路上，何小虎从未停步。针对通用类零件难找正问题，他总结出"四点两线"粗找法、"三点一线"精找法，零件找正效率提高200%；某重载发动机涡轮泵离心轮的研制攻关中，何小虎的多项技术突破满足了我国载人登月、深空探测和发射大规模空间设施任务的需求……

多年坚守生产一线，何小虎获得多项荣誉，但他最引以为傲的是参与"嫦娥"奔月、"天问"探火、"羲和"逐日、空间站建设等一系列任务，"用百分之百的努力，为航天任务贡献点滴力量。"身为航天装备制造业领域的高技能人才，何小虎把青春梦融入航天梦，从"小徒弟"到"老师傅"，从"普通工人"到"大国工匠"，他用行动助力航天强国梦的实现，也一步一步地实现着自己航天报国的人生理想。

图3-1 火箭心脏"钻刻师"何小虎

启示： 从上述案例可以看出，无论我们学习什么专业，都要去努力学习，认真钻研，一丝不苟，精益求精。一个人的人生效率怎么样才是最高的，同时对人生的满意

度也是最高的呢？那就是你学习的这个专业是你追逐的、能够承载你的梦想，能够与社会发展、人民需要、国家需要相结合，你就会不畏艰难，会一直坚持不懈，终会取得职业发展的成功。

高职院校的学生虽然知道自己所就读的是什么专业，也了解就业方向，但多数学生对自己所学专业的了解可能停留的层面比较浅，对所学专业的内涵与外延了解不深，尤其是对专业和未来从事的职业了解得不是很全面、很清楚，甚至感到有些迷茫，这些都是正常现象。那么，高职学生如何正确认识、了解自己所学的专业和未来从事的职业，并在此基础上激发专业学习的兴趣与热情，是高职学生们迈进大学后，开始大学生活的第一步。

任务2　初探职业

活动名称　职业探索

活动目的　对职业的认识，是进行正确而合理的职业选择的基础；从心理认知层面上，职业信息的获得与应用可以引发一个人探寻职业生涯的动机；在对职业信息进行收集、分析和判断时，可以增进一个人对自我及职业世界的了解，甚至造成认知或态度上的改变。

活动材料　白纸、手机、马克笔

活动流程

第一步：了解职业概念与职业的特点。

1. 职业的概念

根据中国职业规划师协会的定义，职业是性质相近的工作的总称，通常指个人服务社会并作为主要生活来源的工作。

职业是参与社会分工，利用专门的知识和技能，为社会创造物质财富和精神财富，获取合理报酬，作为物质生活来源，并满足精神需求的工作。

根据中国职业规划师协会的定义：职业 = 职能 × 行业。

2. 职业的特点

（1）职业的社会属性。职业是人类在劳动过程中的分工现象，它体现的是劳动力与劳动资料之间的结合关系，其实也体现出劳动者之间的关系，劳动产品的交换体现的是不同职业之间的劳动交换关系。这种劳动过程中结成的人与人的关系无疑是社会性的，他们之间的劳动交换反映的是不同职业之间的等价关系，这反映了职业活动、职业劳动成果的社会属性。

（2）职业的规范性。职业的规范性应该包含两层含义：一是指职业内部要求的操作规范性；二是指职业道德的规范性。不同的职业在其劳动过程中都有一定的操作规范性，这是保证职业活动的专业性要求。当不同职业在对外展现其服务时，还存在一个伦理范畴的规范性，即职业道德。这两种规范性构成了职业规范的内涵与外延。

（3）职业的功利性。职业的功利性也称为职业的经济性，是指职业作为人们赖以谋生的劳动过程所具有的逐利性的一面。职业活动既满足职业者自己的需要，同时，也满足社会的需要，只有把职业的个人功利性与社会功利性相结合，职业活动及其职业生涯才具有生命力和意义。

（4）职业的技术性和时代性。职业的技术性是指不同的职业具有不同的技术要求，每一种职业往往都表现出一定相应的技术要求；职业的时代性是指由于科学技术的变化，以及人们生活方式、习惯等因素的变化导致职业被打上"那个时代的烙印"性。

（5）职业的产业性。一个国家，一个社会，在大的方面可以分为三类产业。第一产业包括农业、林业、牧业和渔业；第二产业是工业和建筑业，工业包括制造业；第三产业是流通行业和服务业。第一产业和第二产业都是物质生产部门，第三产业虽然并不生产物质财富，却是社会物质生产和人民生活中必不可少的部门。

（6）职业的行业性。行业是根据生产工作单位所生产的物品或提供服务的人不同而划分的，是按企业、事业单位、机关团体和个体从业人员所从事的生产或其他社会经济活动性质的同一性来分类。

（7）职业的职位性。所谓职位是一定的职权和相应责任的集合体。职权和责任的统一形成职位的功能，职权和责任是组成职位的两个基本要素。职权相同，责任一致，就是同一职位。

第二步：小组讨论，我们可以通过哪些方法了解职业信息？

第三步：教师总结讲述了解职业信息的方法。

1. 静态的资料接触

（1）出版品。

（2）视听资料。

（3）行业展览会和人才交流会。

（4）网络。

（5）机构：学校、政府、公司。

2. 动态的资料接受

（1）专业俱乐部。

（2）专业协会/学会。

（3）生涯人物访谈。

3. 参与真实情境

（1）直接观察。

（2）直接工作经验。

第四步：小组讨论，各种不同的了解职业信息的方法有什么利弊呢？

第五步：教师讲解获取职业信息的各种方法的利弊（图3-2）。

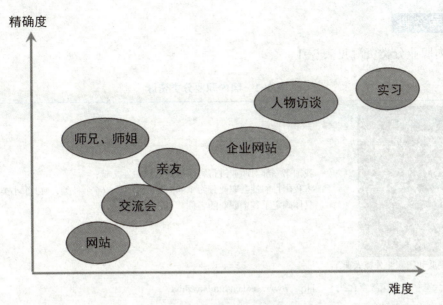

图 3-2 职业信息获取方式的利弊

第六步：小组讨论，我们需要了解哪些职业信息？

第七步：教师讲解了解职业信息的主要内容。图 3-3 所示为职业信息获取的主要内容。

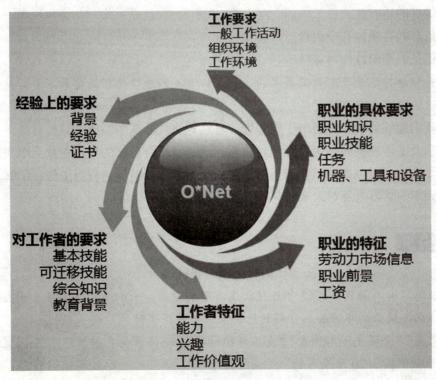

图 3-3 职业信息获取的主要内容

拓展资料

国内职业分类资源见表 3-1。

表 3-1 国内职业分类资源

 《中华人民共和国职业分类大典》	我国第一部对职业进行科学分类的权威性文献； 将我国目前社会职业分为 1 943 个，8 大类，66 个种类，413 个小类； 具体确定了各个职业的名称
职业信息大全——中国教育在线	http：//www.eol.cn/html/sy/zhiye/
国外职业分类	http：//online.onetcenter.org
全国大学生学业与职业发展平台	https：//xz.chsi.com.cn/
中华人民共和国人力资源和社会保障部	http：//www.mohrss.gov.cn

第八步：对职业信息的评估。

（1）信息的适时性。

（2）信息的客观性和全面性。

（3）信息的准确性与可靠性。

提示：职场信息是不断收集获取的过程，只有不断地搜集职场信息，才能持续指引我们向着正确的职业方向进行发展。

如果我们能够清晰、全面地了解职场，虽然目前就业竞争激烈，只要自己详细了解职场用人要求及工作发展的普遍路径和规律等，就能够结合自己的特点在社会中找到属于自己的工作，从而做出合理的职业规划与决策，而不是盲目就业，盲目工作。了解工作职场信息，对大学的学习以及对未来职业的发展，有着很高的价值。

案例分享

"时代楷模"张桂梅

张桂梅，女，满族，1957 年 6 月出生，中共党员，云南省丽江华坪女子高级中学党支部书记、校长，华坪县儿童福利院院长。曾荣获"时代楷模"（图 3-4）、"全国优秀共产党员""全国先进工作者""全国师德标兵""全国最美乡村教师""全国脱贫攻坚楷模""感动中国 2020 年度人物"等荣誉称号。

张桂梅同志坚守教育报国初心，牢记立德树人使命，扎根贫困地区 40 多年，立志用教育扶贫斩断贫困代际传递，倾力建成全国第一所全免费女子高中，让1 600余名贫困山区女学生圆梦大学，托举起当地群众决战决胜脱贫攻坚的信心和希望。

张桂梅同志坚守初心、对党忠诚，响应党的号召，毅然到云南支援边疆建设，跨越千里、辗转多地，无怨无悔。她创办免费女子高中，帮助数千名山区女孩改变命运，为国家输送了一批又一批学子。她坚决贯彻党的教育方针，将坚定的理想信念融入办学体系，用红色教育为师生铸魂塑形。2000年，她在领取劳模奖金后，把全部奖金5 000元一次性交了党费。她把对党的忠诚和对人民的热爱渗透在血脉里，在她身上充分体现着一名共产党员初心如磐的精神品质和至诚至深的家国情怀。

图3-4 张桂梅获"时代楷模"称号

张桂梅同志爱岗敬业、爱生如子，为了不让一名女孩因贫困失学，坚持家访11年，遍访贫困家庭1 300多户，行程十余万千米。她长期拖着病体工作，超量的付出透支了原本羸弱的身体，换来女子高中学生学习的好成绩。她不遗余力践行着"只要我还有一口气，就要站在讲台上"的诺言，用实际行动铺就贫困学子用知识改变命运的圆梦之路。多年来，她一直住在学生宿舍，与孩子们吃住在一起，陪伴学生学习生活。她在教书育人岗位上为贫困地区教育事业作出了重要贡献，在她身上充分体现了人民教师潜心育人的敬业精神和立德树人的使命担当。

张桂梅同志执着奋斗、无私奉献，心怀大我，对自己近乎苛刻的节俭，却把工资、奖金和社会各界捐款全部投入贫困山区教育中。长期义务兼任华坪福利院院长，多方奔走筹集善款，多年来含辛茹苦养育上百名孤儿，被孩子们亲切地称呼为"妈妈"。她把全部身心献给了祖国西南贫困山区的教育和福利事业，在她身上充分体现了人民教师以德施教的仁爱之心和至善至美的师者大爱。

学习单元四
职业决策

任务1　认知职业决策

> 决策是根据所获信息做出选择的过程,任何决策都是承前启后的。
> ——《咨询词典》
>
> 职业决策就是个人在多项职业目标选择之间权衡利弊,以达成最大价值的历程。
> ——《生涯教育辅导》
>
> 职业规划中的职业决策,是指在设计职业规划和实施规划环节的过程中,对目标、内容、措施的决定,以及面临出现新情况的时候,相应地做出决策,是职业规划得以实现的核心动力,掌握和运用生涯决策的方法是开展职业规划的基本能力。
> ——《职业规划辅导》

活动名称　我的决策风格

活动目的　通过"我的决策风格"活动,让学生进一步了解职业决策,同时探索自己的决策风格,并认知到自己决策风格的优缺点,为下一步学习决策方法奠定基础。

活动材料　纸、笔

活动流程

第一步:阅读以下内容,有什么收获?

A. 确定无疑的决定:所有的选择及其结果都清楚明白的决定。

B. 有一定风险的决定:每种选择的后果不完全确定,但我们在一定程度上了解可能会有什么样的后果。

C. 不确定的决定:对于每种选择会产生什么样的后果几乎完全不清楚。

启示:任何一个决定,都会面对其所致的结果,只是我们是否对决定对应怎样的结果非常清晰。很显然,我们应该避免做"C"风格的决定,因为完全无法预知后果的决定会存在较大的风险。

第二步：完成表 4-1，分析自己的决策风格。

请回想迄今为止在你人生中的三次重大决定，并按表 4-1 给出的提纲予以描述。

表 4-1　分析自己的决策风格

问题 \ 事件	事件 1	事件 2	事件 3	三次决策过程中自己是否有相同之处
当时的情境				
当时你有哪些选择？				
你是如何思考并做出选择的？				
你最终的选择是什么？				
对选择的结果评估				

对自己决策方法的评价：_____

_____

_____

第三步：了解常见的决策风格。

（1）挣扎型（Agonizing）：花很多的时间和精力来确认有哪些选择，收集信息、反复比较，却难以做出决定（"我就是拿不定主意"）。

（2）冲动型（Impulsive）：抓住遇到的第一个选择，不再考虑其他的选择或收集信息（"先决定，以后再考虑"）。

（3）拖延型（Delaying）：将对问题的思考和行动都再往后推迟（"我还没有准备好工作，所以打算先考研"）。

（4）直觉型（Intuitive）：将自己的直觉感受作为决定的基础（"爱你没商量"）。

（5）宿命型（Fatalistic）：将决定留给境遇或命运（"我这个人永远也不会走运"）。

（6）从众/随大流型（Compliant）：顺从他人的计划，而不是独立地做出决定（"他们都觉得好，我就觉得好"）。

（7）瘫痪型（Paralytic）：接受了自己做决定的责任，却无法开始决策过程（"我知道我应该开始了，但想到这件事我就害怕"）。

第四步：了解理性计划型决策的模型。

理性计划型决策模型起源于传统的经济学理论，目前该理论被广泛应用于企业管理、人力资源管理和个人职业生涯管理中。理论决策模型通常也被称为科学的决策模型。这种理论认为，人类的行为决策有一个绝对的标准，即人们在决策时所遵循的利益最大化原则。在抉择方案时，进行最优选择，即从全部备选方案中选择最优方案。

理性计划型决策模型把决策的过程分为以下几个步骤（图4-1）。

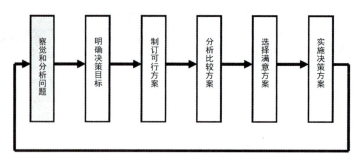

图4-1　理性计划型决策模型决策步骤

（1）觉察和分析问题：决策者之所以要进行决策，首先是因为在实际的情景中，面对一个存在的问题，需要对这个问题加以分析并解决。

（2）明确目标：决策者针对已发现的问题，提出解决问题后要达成的目标，并将这些目标进行排列或组合。

（3）设计方案：决策者将所有可能解决问题并达成目标的方案全部列举出来，以备选用。

（4）分析比较：决策者将各个方案进行对比，在比较的基础上排列出先后顺序。

（5）选择最优方案：决策者在对各个方案进行比较分析后，选取其中一个预测结果与目标最为一致的方案，作为决策的最佳方案。

（6）实施方案：决策者对已经选择的方案进行详细计划并实施。

第五步：理解不同的决策风格对决策效果的影响。

（1）不同决策风格的人在决策制定的方式与步骤上有所不同。理性计划型决策风格的人，一般是经过深思熟虑后，通过逻辑分析制定决策。他们往往前期进行大量的信息收集，对决策所面临的问题能够明确判断，并在此基础上做严密的推理分析。所以，对问题考虑得比较周详全面。

（2）不同决策风格的人对行动的迫切性有不同的反应。一部分决策者宁可花费许多的时间从容不迫地制定决策。他们认为，只要决策做得好，执行起来就会有好的成效。这些人并不急于实际行动。但另外一部分人则崇尚"先干起来再说"的信条。认为只有行动才有效果，他们不能忍受那种较长的讨论和分析研究的过程。

（3）不同决策风格的人对待风险的态度和处理的办法有所差异。重视理性分析的决策者，总是擅于采取回避风险的态度，他们以稳妥为重。相反，急于行动的决策者，往往会面对更多的不确定性和风险性。

启示：决策风格与决策效果之间有着重要的因果联系。因此，作为一个职业发展的个体，明确自己的决策风格并掌握一些正确的职业决策方法，对自己的职业发展有着重要的价值。

任务 2 了解影响职业决策的因素

活动名称 我的职业决策影响因素

活动目的 通过活动，让学生了解影响职业决策的因素有哪些，并能分析自己的职业决策影响因素，找出其中的决策障碍因素并学习应对方法。

活动材料 表格、笔、纸

活动流程

第一步：了解构成职业决策的核心要素。

1991 年，加里·彼得森、詹姆斯·桑普森和罗伯特·里尔登合著了《生涯发展与服务：一种认知的方法》（Career Development and Services : A Cognitive Approach）一书，书中提出了生涯选择的认知信息加工理论（Cognitive Information Processing，CIP）。这一理论认为，生涯选择是一种问题解决活动，这个活动要以我们的认知和思考方式为基础，取决于我们掌握了哪些信息，以及我们的大脑如何接收、编码、存储和使用这些信息，是一系列思考与感受共同作用的过程。CIP 用信息加工金字塔模型（图 4-2）来表明生涯选择所涉及的各种因素，这些因素构成了职业决策的核心要素。

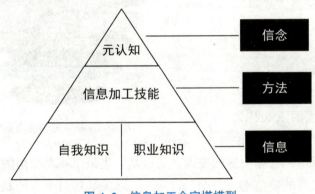

图 4-2 信息加工金字塔模型

由模型可知，职业决策涉及三个层次，每个层次都含有决策的核心要素。其要素可分为第一层的内部要素（自我知识）、外部要素（职业知识）；第二层的决策过程（信息加工方法）；第三层的职业目标、职业追求、信念。这些构成了职业决策的要素，也是影响职业决策的主要因素。

第二步：认识影响职业决策的因素。

个体在进行职业决策时，其内部因素（个人因素）与外部因素（环境因素）对决策有着重要的影响。其内部因素主要由个体心理特征、个人经历及个体进行决策时的即时状态组成。

（1）个体心理特征因素。个人对自我评估、职业评估和环境评估的内容及结果直接影响着职业决策，其中自我评估主要是对个体心理特征的评估，起着决策的定向作用。个体的心理特征具有稳定的特性和倾向，包括兴趣、能力、价值观和性格等。

（2）个人经历因素。职业生涯决策的发展和形成是个漫长的过程，从特殊事件和经验的角度而言，每个人的人生是独一无二的，个人所经历的生涯事件的差异会对职业决策产生影响，这体现在不同性别、年龄、特殊事件和教育背景等方面。

（3）进行决策时的即时状态。要做出有效的职业生涯决策，就必须保证在决策中身体、情绪和精神状态都处在最佳状态。就像正在进行比赛，我们需要以良好的状态作为参赛准备，这样才能发挥出最高的水平，增大获胜的机会。职业决策最终定位在行动执行上，职业目标的设定、执行受职业规划观念的影响和制约，同时又反过来影响职业决策方式。目标设定是否合理、有效，目标执行是否成功，都影响个体继续探索相关知识的动力，以及能否产生积极的评价。图4-3所示为霍金斯情感能量等级。

（4）外部环境因素。外部环境因素包括家庭环境因素和社会因素。在家庭环境因素中，无论

图4-3 霍金斯情感能量等级

你年龄多大，家庭成员都会影响你的决策。父母是学生最早观察模仿的角色，学生必然会受到父母的熏陶，父母的价值观、态度、行为、人际关系等对个人的职业选择起到直接或间接的深刻影响。同时，朋友、同龄群体的影响也是很大的，他们的职业价值观、职业态度、行为特点等不可避免地会影响个人对职业的偏好、选择从事某一类职业的机会和变换职业的可能性等方面。

在社会因素方面，社会环境中流行的工作价值观、政治经济形势、产业结构的变动等因素，无疑都会在个人职业选择上留下深深的烙印。不同的社会环境给予个人的职业信息是不同的。宏观上，社会、经济、历史和文化的力量都能够干扰个人有效决策的制定。现阶段，我们面临的是一个知识经济型社会，对相关职业信息的收集，对日新月异的职业环境的了解，都会影响大学生对未来职业世界的观念。同时，用人单位对大学毕业生的需求、技能要求，专业在社会中的具体发展状况等，也都是影响大学生职业生涯决策的因素。大学生需要在用人单位的需求和自己的具体情况之间不断地评估、预测和调整。

第三步：探索影响自己职业决策的因素。

请在表 4-2 中对影响自己职业决策因素的影响程度评分（1 分为最低，5 分为最高）。

表 4-2 对职业决策影响程度评分

影响因素		1	2	3	4	5
个人因素	兴趣					
	性格					
	能力					
	价值观					
家庭因素和成长环境因素	父母的教育背景					
	父母的职业					
	父母的价值观					
	亲朋好友					
社会因素	社会经济形势					
	社会主流的工作价值观					

第四步：认识影响自己职业决策的障碍。

根据职业决策的影响因素，以下几种原因可能是职业决策的障碍：

（1）个人和职业相关信息匮乏或信息膨胀。信息是职业生涯决策的基础条件，包括大学生的职业价值观、天赋、兴趣、性格等自身情况，还包括决策主体所倾向职业的相关信息，如行业目前的发展形势、对其中具体的工作人员的专业素质和知识结构要求、如何获得满意的工作岗位、进入该行业需要注意的内容等。如果决策者缺乏信息基础，那么决策多是盲目的、不切实际的，可能影响生涯决策的有效性。同时，大学生在决策过程中还要有一定的甄别能力。当前社会信息网络技术的飞速发展，导致信息过多与信息过于复杂，决策者可能因为客观环境的影响而获得了错误的信息，这些信息可能对决策结果产生负面影响。如有的同学盲目地完成一些职业能力测试，常常出现矛盾的结果，使其在决策过程中更加困惑。

（2）心理亚健康情绪。心理因素是职业生涯决策的影响因素之一，即使对性格开朗、自信心较强的学生，在进行职业生涯决策时其也是重要的影响因素。如大学生在决策的过程中因为性格内向而产生抵触情绪，或者在与竞争者的比较过程中，感觉自己竞争优势不足，从而产生了自卑情绪。这些因素都可能影响大学生做出错误或存在偏差的职业生涯决策。心理亚健康情绪还包括焦虑、缺乏自我胜任感及动机冲突等。有的同学过高地估计了自己的能力，产生了自傲的情绪，如认为自己就应该应聘高层管理者的职位，不屑于到基层工作，这种情绪可能使决策结果偏离客观事实，不具有实质性。

（3）缺少职业生涯决策经验和决策知识技能。有些大学生在决策前已经具备了很好的自我知识，对自己的各种选择也很了解，却做出了糟糕的职业规划决策；也有的同学曾经做了大量职业测试来了解自己的兴趣、天赋等个人特质却依然做不出决策，这都是因为他们缺乏决策的必要知识技能。决策的知识技能是大学生可以将信息转化成最终决策结果的关键，决策者也常常由于决策经验有限或对自身的决策能力缺乏自信而做出错误的决定。

（4）家庭干预。人际关系面临困境势必会影响职业生涯决策的过程。有些家长能够客观评价学生的决策结果并且给予一定的指导，鼓励学生完成职业生涯规划。但是也有的家长根据自己的经验（有时是对于某种客观事物的偏见）否定学生的决策结果。甚至还有些家长对于学生生涯决策进行强制干预，不考虑学生的兴趣、性格特征，只是按照自己的想法为学生规划未来，致使学生的潜能得不到开发。职业生涯规划专家通过研究家庭系统和生涯决策发现，那些与家庭其他成员高度融洽或密切相连的人，往往在决策中很难保持自己情绪和心理上的独立。另外，家庭成员之间无法就义务、经济、责任、价值观等达成共识，就会使个人决策出现问题。

（5）社会观念的偏差。社会的普遍价值观念和生活习惯能够深刻影响个人生涯决策的有效性。当前就业环境存在年龄、地区、性别等方面的社会意识偏差，很多企业在招聘的过程中对应聘者明确地提出性别要求，或者对于应聘者的户口所在地提出要求等，这对应聘者生涯决策的实际有效性产生了很大影响，阻碍了学生的教育和就业选择，使职业生涯决策变得更加复杂。

综上所述，以上五个方面的因素都会使职业生涯决策变得困难，大学生在进行职业生涯决策时，应该采取措施克服阻碍因素。

第五步： 应对职业决策障碍。

（1）从大学生自身的角度应对障碍。

①注意激发自我生涯决策意识，学习决策方法。大学生作为职业生涯决策的主体，应该注重自我职业生涯决策意识的激发，只有当个人自觉意识到生涯决策的重要意义，才不会"人云亦云"。因为低年级学生对于职业发展前景的信心常常存在一定的盲目性和不完备性，所以从大学低年级开始就应该培养这种意识。这就要求学生能够根据自身特点，包括身体、心理、兴趣及能力的几个方面，尽早确定职业方向。同时，还要注重参加学校组织的相关课程指导，通过课堂教学、生涯人物访谈、面谈等方法帮助自己加深对所学专业的了解；通过与专业教师的交流来了解本专业的职业定位，使自己所学与社会职业相关联；通过社会实践活动、教学实习真实地参与相应的职业活动，获得更多的工作经验，从而激发自我主动思考职业定位，提高职业决策意识和决策能力。

②培养健康的心理素质。除提高自身的专业技能素质外，在校的大学生还应该注意提高排解自身压力的能力；积极参加集体活动，加强同学之间的交流；自己生活中不能处理的问题或矛盾应当及时与家长或教师沟通。在职业生涯规划的过程中，应该敢于发现自己

的问题，并向学校、家长寻求帮助。

③不断调整生涯决策结果。大学生职业生涯规划应贯穿整个大学的学习过程中。从其发展特点来看，应当结合大学生自身的特征，针对职业决策困难的类型及特点有针对性地应对，及时收集有关职业决策和职业生涯发展的信息，主动接受专门的就业求职技能、技巧等方面的培训，使自己能更加充分地认识职业，掌握择业的方法和技巧。同时，大学生还必须意识到职业生涯决策是一个循环的过程，它贯穿整个大学期间，对于已经做出的生涯决策要通过信息收集、自我评估，以及实际规划制订的过程来不断检验，对决策结果做出及时调整，从而在大学期间做出较为全面可行的职业生涯规划。

（2）从决策外部影响因素的角度应对障碍。

①从家长的角度来说，家长是学生进行职业生涯规划的影响者。第一，家长应努力建立一种平等沟通的环境，倾听孩子的真实想法，使孩子乐于说出自己的真实想法；第二，家长应该尊重孩子的决策结果；第三，在为孩子指导职业生涯规划的过程中，家长应结合孩子的性格和兴趣特点进行引导，而不是一味地干涉孩子的决策结果；第四，通过分享自身的职业生涯发展经验为孩子指出决策过程中的不足。

②从学校的角度来说，学校应是学生进行职业生涯规划的指导者。第一，学校应通过专业的课程尽早使学生明确职业生涯决策的重要性，并向学生传授科学的职业生涯决策方法；第二，学校作为学生接触社会的桥梁，应积极向学生提供各个行业的发展趋势和与就业相关的信息，使学生能够根据社会的需求调整自己的知识结构，为职业生涯决策做好准备；第三，学校可以通过组织相关的讲座活动，邀请优秀的社会工作者为学生讲解企业或政府工作的相关情况，使学生能够全面地了解职业信息；第四，学校可以提供短期的实习工作机会，使学生能够通过亲自参加工作来了解工作环境，找出自身的不足，并通过学习补足差距。

③从社会的角度来说，经济的发展在很大程度上影响着大学生的就业机会，而国家稳定的经济政策，社会经济的稳定发展，是大学生进行职业规划决策的保障。同时，媒体的价值导向也对大学生职业决策起到了引导的作用，媒体要起到正面、积极的引导作用。

第六步：自我职业决策障碍分析。

请结合自身情况，列举可能影响自身职业生涯决策的阻碍因素，并进行应对措施分析。

_____
_____
_____
_____
_____

任务 3　掌握职业决策方法之 CASVE 循环分析法

活动名称　CASVE 循环分析法
活动目的　掌握 CASVE 循环分析法
活动材料　表格、笔、纸
活动流程

第一步：了解 CASVE 循环分析法的概念。

CASVE 循环分析是职业生涯规划决策技术。职业生涯规划决策是一种问题解决过程。你的职业生涯质量是以你怎样进行职业决策和怎样解决职业问题为基础的。学习生涯决策技术中的 CASVE 循环分析法，可以帮助你提高这方面的能力。

CASVE 循环分析法包括沟通、分析、综合、评估和执行五个阶段，CASVE 就是这五个词语的英文单词首字母的组合。CASVE 循环分析法可以在整个职业生涯问题解决和决策制定过程中为你提供指导。CASVE 循环分析法示意图如图 4-4 所示。

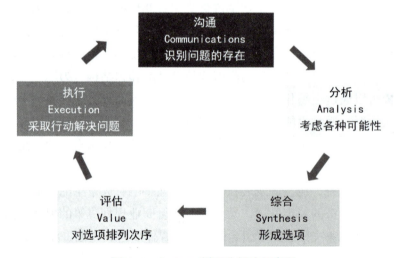

图 4-4　CASVE 循环分析法示意图

1. 沟通

在沟通阶段，我们思考、收集获取了关于职业理想与现实之间存在的差距信息。这些信息可能是通过内部体会或外部交流途径传达给我们的。内部体会包括迷茫、不满、厌烦、焦虑或不知所措等；外部沟通包括父母、亲人及朋友对你的职业规划（就业）的询问，同学、朋友对你的专业学习的评价，或网络、媒体等关于你的专业方面的报道等。这是意识到自己需要做出选择的阶段。在这个阶段，我们通过各种感官和思考充分发现问题，并发觉这些是我们必须面对并解决的问题。

2. 分析

在分析阶段，问题解决者需要花时间去思考、观察、研究，从而更充分地了解差距，了解自己有效地做出反应的能力。好的生涯决策者避免用冲动行事来减少在沟通阶段所体验的压力或痛苦，因为他们知道，这是无效的，甚至可能使问题恶化。他们会弄清楚要解决这个问题需要了解自身和环境的哪些方面，需要做些什么，以及为什么我有这样的感受，亲人会怎么看待我的选择等问题。

分析是了解自己和自己各种选择的阶段。在这一阶段，生涯问题解决者通常会改善自我知识，不断了解职业世界和家庭需要。简单地说，在分析阶段，生涯决策者应尽可能了解造成在第一阶段发现的差距的原因。

分析阶段还需要将各种因素和相关知识联系起来。例如，将自我知识和职业选择联系起来；将家庭和个人生活的需要融入职业选择中。

3. 综合

综合主要是综合和加工上一阶段提供的信息，从而制订消除差距的行动方案。其核心任务是确定我可以做什么来解决问题。

这是一个先扩大再缩小选择清单的过程。在这个阶段，要对分析阶段获得的信息进行综合、加工和处理，进而制订消除问题或差距的行动方案。这个阶段，应当包含两个子阶段，分别是综合细化阶段和综合结晶化阶段。在综合细化阶段，要尽可能多地扩展自己的选项清单。在分析阶段，有了自己的生涯愿景（生涯目标），就可以进一步思考，要实现这样的生涯愿景，可以有哪些途径和方法？可以暂时不考虑时间、金钱等现实因素，在充分放松的状态下进行思考，力求获得详尽的选项清单。而在综合结晶化阶段，则要将选项清单缩减到 3～5 个选项，这是人类头脑记忆和处理选项最有效的数目。可以将有共同特点的选项进行归类，再次结合分析阶段关于自我认知的结果，筛选出能够有效缩小理想和现实差距的选项。

经过先发散、再聚焦的过程，跳出"非此即彼"的思维方式，打破原有方案的拘囿，看到自己的多种可能。

4. 评估

第一步是评估每种选择对生涯决策者和他人的影响。例如，如果选择了服兵役，这一选择将会给自己和父母等重要的人带来什么影响？每种选择都要从对自己和对他人的不利影响和有利影响两个方面进行评价，并综合评估物质和精神方面的因素。

第二步是对综合阶段得出的选项进行排序。将能够最好消除差距的选项排在第一位，将较好消除差距的选项排在第二位，依此类推。此时，职业规划决策者会选择一个最佳选项，并且做出承诺去实施这一选择。

5. 执行

执行是实施选择的阶段，把思考转换为行动。很多人都觉得在执行阶段制订行动计划是令人兴奋和有价值的，因为他们终于可以开始采取积极行动去解决问题了。

CASVE 循环是一个不断重复的过程。在执行阶段之后，生涯决策者又回到沟通阶段，以确定已经选取的选择是不是最好的，是否能最有效地消除理想与现实间的差距。

CASVE 循环分析法，无论是对解决个人职业规划问题，还是解决团体问题都非常有用。用系统的方法思考这五个步骤，能为你提供一个有用的工具，使你成为一个更有效率的人。

视频资料：职业决策模型——CASVE 循环分析法

第二步：尝试初步完成自己的 CASVE 循环。

（1）沟通：识别问题的存在。请认真思考以下问题，并将答案写在本子上。

①你目前面临着哪些困惑？

②困惑是什么时候出现的？困扰你多长时间了？

③这个困惑给你带来了哪些影响？

④为了解决这个困惑，你做了哪些尝试和探索？

⑤这个问题在什么时间内必须得到解决？

⑥如果你的困惑解决了，那将是一种什么样的情形？

最后，请确定你需要解决的问题，并按着重要程度与紧迫程度进行排序，并选出一个重要且紧迫的问题。

（很多人在面临职业生涯困惑时，会困在沟通这一环节，处于迷惘之中，不知从何时、何处开始着手处理面临的问题。按照上述示例发问可以帮助我们拉开与问题的距离，从另一个视角审视自己的问题，激发解决问题的愿望和动机，以便顺利进入下一个环节）

（2）分析：各种可能性。请认真思考以下问题，并将答案写在本子上。

①你喜欢做什么样的事情？不喜欢做什么样的事情？

②你认为做什么样的事情是有价值的？

③你如何评估自己的能力？

④其他人是如何评价你的？

⑤关于未来，你有什么样的想法和期待？

⑥对于现有的选项，你都了解什么？

⑦你怎么看待这些选项？

⑧关于这些选项，其他人怎样评价？你又是如何看待这些评价的？

⑨请写出你觉得自己为什么会有（1）中那些困惑，你与目标之间有哪些差距？

（这部分将会用到我们前面所学习的知识：自我认知、专业探索和职业探索部分。分析的过程就是不断认识自己、认识职业的过程，从而思考自己未来有哪些发展的可能性，思考自己为什么有困惑，我们与目标之间有哪些差距等）

（3）综合：形成选项。

请认真思考下列问题，并将答案写在本子上。

我有哪些方案可以让自己达到目标或缩小与目标的差距？（尽量多地写出方案）

在方案中选出 3～5 个你认为最佳的方案。

（4）评估：对选项进行排序。请完成表 4-3 的填写。

表 4-3　评估方案

方案	自我条件中的优势	外部环境中的优势	对自己、家人、朋友的益处	如果没有实现，最差的结果
方案 1				
方案 2				
方案 3				
方案 4				
方案 5				
我的最优方案：			我的备选方案：	

（将各项信息进行综合分析，分析信息的准确性、客观性，要体会自己对这些信息的主观感受。对选项合理的排序来源于对自己、对外部世界的充分认知，对利弊的充分分析，而不是凭直觉）

（5）执行（尝试）：对方案采取行动。

通过多种方式获得尝试（全职、兼职、志愿者、社团、实践、实地观察、参加课程或培训等），以实际的体验来检验选择是否正确，是否是自己的最佳解决问题的方案。如果是，可以继续执行；如果不是，则启用备用方案。

拓展知识

目标设定的原则，图 4-5 所示为 SMART 法。目标设定的原则可根据 SMART 法确定。

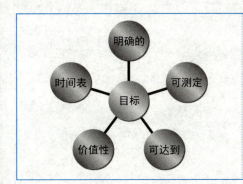

Specific：具体的，明确的，不能含糊不清
Measurable：可以量化的，能够明确评估
Achievable but challenging：可实现性，同时具有一定的挑战
Rewarding：有意义的，有价值的，积极的，服务于某个大目标
Time-bound：有明确时间限制的

图 4-5　SMART 法

任务 4 掌握职业决策方法之职业决策五步法

活动名称 困境求生
活动目的 通过活动，体验并掌握职业决策五步法
活动材料 大白纸、卡纸、白板、磁吸条、马克笔
活动流程

第一步：阅读文字资料，了解情景。

在八月中旬的某日，大约上午十点，某班的学生们乘坐一架飞机去旅游，但飞机飞行途中不幸在萨那拉沙漠坠落，轻型双引擎飞机与驾驶员和副驾驶员一同焚毁，只剩下飞机残骸。其余人员均未受伤。

在飞机坠毁前，驾驶员未能通知任何人的所在地。但是，在事故发生前他指出，飞机位于一个采矿区西南方向 114 千米的地方，也是最近的一个有人烟的地点，而且偏离 VFR 飞行计划航线大约 105 千米。

坠落地点所处的地方空旷无垠，是个不毛之地，只有一些破桶和树状的仙人掌。最后的天气预报显示今天的气温将高达 43 ℃，也就是说地面温度将达到 54 ℃。学生们身穿轻质服装——短袖、衬衫、长裤、袜子和旅行鞋。每个人都有一个手绢。总计，在学生们的口袋中有 $2.83 的硬币、$85.00 钞票、一包香烟和一支圆珠笔。

第二步：按指示完成表 4-4 的填写。

表 4-4 职业决策五步法

抢救出的物品	第一步 个人排序	第二步 全队排序	第三步 专家排序	第四步 第一步和第三步之差值	第五步 第二步和第三步之差值
手电筒（可装四节电池）					
大砍刀					
部分所在区域航行图					
塑料雨衣（大号）					
磁性指南针					
小型纱布包					
点四五口径手枪（已上膛子弹 7 发）					
降落伞（红和白）					
一瓶盐片（1 000 片）					
1 升的饮用水					

续表

抢救出的物品	第一步 个人排序	第二步 全队排序	第三步 专家排序	第四步 第一步和第三步之差值	第五步 第二步和第三步之差值
一本名为《可食动物》的书					
一副太阳镜					
2升180°伏特加酒					
一件上衣					
化妆镜					
					个人总分： 全队总分：

第三步：环境变化后的选择。

环境变化：如果飞机坠落在丛林中，其他条件不变，请选择出你认为能够帮助生存的最重要的5件物品。

1._____ 2._____ 3._____ 4._____ 5._____

第四步：教师讲述活动启发。

物资的选择与目标有关系，寻找救援和等待救援，对物资的选择是完全不同的。在活动中，我们需要确定哪一个目标可以让自己的生存概率最大，一般我们需要从自身条件和外部环境两个方面进行目标选择，从而确定出最适合自己的目标。选择职业目标的逻辑思维与此相似。

第五步：教师结合活动与决策理念，详细讲解职业生涯决策模型的衍生模型——职业目标决策方法。图4-6所示为职业决策五步法。

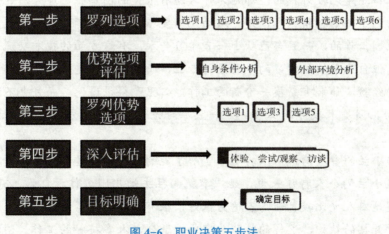

图4-6 职业决策五步法

（1）可选方案／选项罗列。将目前你能够选择的方案全部罗列出来，越多越好，增大你的选择范围，这一步是后面几步的重要基础。

（2）选项／方案初步评估。将所列选项／方案进行初步评估，目的是选出相对有优势的选项／方案，使用的方法是自身条件与外部环境叠加评估法（前面课程知识），从而初步剔除劣势选项／方案。

（3）优势选项／方案罗列。将第（2）步筛选后的方案进行罗列，建议选3～5个最佳方案（缩小范围）。

（4）深入评估。将第（3）步优势选项／方案进行深入的评估与分析，使用的方法是"尝试、体验、试错"或"观察、访谈"，目的是对选项进行更深入的调查与了解，最好是有亲身的体验，从而能够更直接地筛选出适合自己的职业方向或岗位。

（5）目标明确。将第（4）步评估后的最佳选项／方案作为暂定的职业目标，为后期的学习计划／职业发展计划的制订提供方向和依据。若在后期发展中，需要修订职业目标，可以重新回到第（1）步进行新一轮的决策，步骤可循环使用。

案例分享

小兰的职业选择

小兰是我在给她们班授课时认识的一位同学，当时她正在读大学一年级，所学的专业是平面设计。我们真正的沟通是在她毕业半年后，当时，她面对一个职业发展上的选择，不知道如何选择才是最好的，所以主动联系我进行咨询。

当时她在一家广告公司已经工作了近半年，主要任务就是负责一些宣传册、海报、喷绘等资料的设计与制图。她当时跟我说她想换一份工作，觉得目前在这家公司没有什么发展空间，而且她觉得自己每天的工作很枯燥，想重新找工作。一般来说，这种情况下大多数人都是继续再找一家广告公司做自己熟悉的工作就可以，而且当时的广告公司的工作还是比较好找的，那她为什么还有很大的困惑呢？原来，她是在制作资料时偶然看到了一则招聘信息，是一所幼儿园要招聘美术教师。她告诉我说，她以前就想去幼儿园工作的，而且自己从小一直学习美术，有这方面的技术功底，所以自己想去试试，但自己大学就学习的平面设计专业，而且已经在这个领域工作了半年，积累了一定的经验，如果重新换一份新的工作，心里觉得很遗憾，而且也不清楚自己能不能适合幼儿园美术教师的工作，万一做不好呢？所以心里就纠结了，担心自己会选错。

通过与小兰的多次沟通后，我基本了解了她的状况，经过分析后，我也给了她建议。首先从小兰的个人特质来说，她以前就向往去幼儿园工作，自己也有绘画技能，而且我发现她本人也比较善谈，表达力很好，很有亲和力，喜欢画画与手工，想法很多，有敢于开拓的精神，这样的特质其实比较适合与人多接触的工作。同时，她表达了自己觉得目前这份工作比较枯燥的体验，如果她重新找一个广告公司做类似的工作，她依然会有这种体会。如果她选择去幼儿园，那她面对的最大风险就是自己是否适合新工作并且能够做好。所以我建议她可以先去尝试下幼儿园美术教师的工作，因为我觉得比较适合她的特质，可以体验，体验后就清楚了，万一不合适，还可以继续做广告方面的工作，对她并没有太大影响，只是到时不要做单纯的绘图工作了，可以考虑广告公司里更多的与人打交道或开拓型的工作。我基本是从她个人的特质和所处环境给的建议。

接下来的时间，她积极投入了寻找幼儿园招聘信息、投简历、面试这些事情中，在这个过程中她是非常积极而且充满向往的。最终，她被3家幼儿园企业选中，她对其中的两家比较有意向，但具体选择哪一家她又犯难了。这两家幼儿园都不错，其中一家是已经经营多年的幼儿园，在成都市有17家分园，规模很大，也很成熟。而另一家是新开不久的幼儿园，目前有两家分园，但背后的资本实力很强。两家企业提供的岗位相同，彼此薪水待遇也差不多，选择哪家更有利于她的发展呢？基于两家企业的情况，再结合她本人的特点，我建议她考虑第二家，我为什么这样建议呢？我们通过信息收集和多方面了解，对两家企业都有了一定的了解。第一家企业很有实力，也已经经营多年，管理模式属于比较系统严谨的，企业中有一大批稳定且在企业工作多年的老员工了，企业整体的风格具有谨慎、稳定，中规中矩的特点。第二家虽然是新开创的企业，但发展速度很快，背后也有资本支撑，最重要的是企业鼓励员工开拓创新，而且企业整体处于快速发展之中，有清晰的发展目标，这些要素与小兰的特质、年龄等都很匹配，她本身就是那种喜欢开拓、很有想法的人，而且年龄也不大，在这样一个快速发展的企业中，再加以企业鼓励拓展创新的这种模式，是非常有利于她的发展的，所以我建议她去第二家（我主要是从她本人的自身条件和企业环境做的分析判断）。

多年后，我记得大概是5年左右吧，小兰同学已经成为这个企业的高管了，主管两个大项目部，在企业中独当一面了，而且她本人也更加成熟，能力更强了，而此时，她还不到30岁，为其以后的职业发展奠定了厚实的基础。

学习单元五
构建路径(学业规划)

> 凡事预则立,不预则废。
> ——《礼记·中庸》

任务　撰写学业规划书

活动名称　撰写学业规划书

活动目的　通过活动,让学生掌握学业规划书的撰写方法,同时为未来的职业规划书撰写奠定基础。通过撰写学业规划书,帮助学生明确自己的学习目标与学习计划,学生可以更有针对性地进行学习,提高学习效率。

活动材料　本校开设的专业及就业岗位介绍资料、大白纸、马克笔、透明胶、白板

活动流程

第一步:了解基本概念。

1. 职业路径(Career Path)

职业路径的本意是指,组织为内部员工(个体)设计的成长和晋升的管理方案,明确指出员工可能的发展方向及发展机会,并为员工设计、构建出相关的职业发展(晋升)路径。

在这里,职业路径主要是指大学生在大学期间,围绕自己的就业(成长)目标而设计的相关方案,从而增大自己达成目标的概率。

2. 学业规划(Study Career Design)

学业规划类似于职业路径规划,是指为了提高求学者的人生职业(事业)发展效率,其对与之职业发展相关的学业所进行的筹划和安排。具体来讲,是指学生对其自身特点和社会未来需要的深入分析与正确认识后,确定自己的职业发展方向,进而确定学习的总体目标和阶段人生目标,然后结合自己的实际情况,制订学业发展计划的过程,以确保用最低的求学成本(时间、精力、资金等)获得阶段性的职业目标。

视频资源：学业规划概念

3. 学业规划与职业规划的关系

学业规划是职业规划的一部分，职业规划包含着学业规划。学业规划是为职业发展奠定的基础，是职业规划的第一阶段，我们也称其为前职业规划期。学业规划可以帮助学生明确就业目标并树立正确的职业理想，在规划中的每一个小目标都能够相应地激励大学生继续努力奋斗，使大学生改变迷茫状态，使目标更加明确清晰，对大学生的学习主动性、积极性、目标性都有着积极的影响。

第二步：掌握大学学业规划的构建方法。

学业规划主要由四个要素组成，分别是学习目标（方向）决策、学业管理、规划主体（求学者）、规划客体（学业环境与资源）。学业规划的构建思路与职业规划相似，所以能够很好地进行学业规划也就能完成职业规划。学业规划基本结构框架如图 5-1 所示。

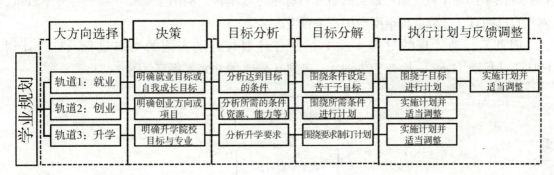

图 5-1　学业规划基本结构框架
（注：规划中涉及的决策参照"学习单元四　职业决策"章节中的技能）

学业规划是围绕学业目标展开的，所以需要先确定学业目标（在这里，指大学生毕业目标），通常情况下，学生毕业时会有三个大的轨道（方向）选择，即升学、就业或创业。当学业目标确定后，则进行目标达成条件的分析（如毕业后想成为一名幼儿园主班教师，那么就应对"幼儿园主班"这一岗位的入职条件、工作内容等进行调查与分析），然后将这些达成条件分解成更小、更具体的目标，最后围绕这些子目标进行系统的学习计划，引导我们每天的学习活动，即每天的学习活动与行为是围绕学业目标进行的，而学业目标是充分分析后选择的。

行动管理（执行、反馈与调整）就是利用管理学的方法，通过计划、组织、领导、控制等手段，将意图转化为现实的行为管理过程。

那人为什么不行动呢？因为没有明确的目标或未意识到不行动的后果。

那人为什么要行动呢？因为有了明确的目标，并清楚地知道达到目标后给自己带来的利益。

所以，我们可以发现，行动是围绕目标展开的，没有目标的行动是没有意义的。而行动力的本身是由需求或利益驱动的。所以，需求（利益）、目标与行动之间构成了关系链。进而得知，大学的学习行动管理的基础条件是要有明确清晰的目标，所以，构建明确的目标是行动管理的第一步。

目标构建与行动计划关系：建立职业发展愿景—明确围绕职业愿景的大学学习目标（或就业目标）—分解目标—制订年度目标（或学期目标）—分解成月目标—分解成周目标—计划每日行动。

有了计划，我们就对未来有了一定的预见性，从而减少未来的不确定性。

既然是计划，就是提前的预估，所以，在实际执行中很有可能出现预估之外的因素，从而影响行动，此时就要根据影响因素调整自己的行动。一般会出现三种情况：第一，大目标不变，调整小目标从而调整行动；第二，大目标与小目标都不变，只是调整行动；第三，对大目标进行调整，从而小目标和行动都进行调整。其具体情况要根据影响因素和个体差异的不同而不同（如：最初的就业目标是考取本科，但国家颁布了新的专升本政策，对于自己而言，考取本科难度增加，是否考虑继续？）

因此，行动管理的过程实质上是制订计划与行动实施的动态过程，符合计划（Plan）—行动（Do）—检查（Check）—改进（Act）的PDCA循环（图5-2）。

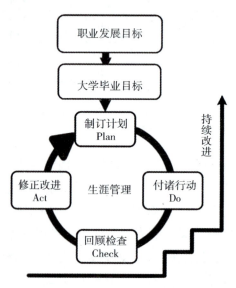

图5-2　行动管理PDCA循环

第三步：撰写学业规划书。

学习单元六
就业指导

> 人生只有走出来的美丽,没有等出来的辉煌。

任务 1　求职准备

活动 1 名称　就业心理调适

活动 1 目的　通过活动,让学生了解良好的心理素质在求职择业中的重要性;掌握自我就业心理调适的基本方法;增强自觉排除就业心理障碍的能力。

活动 1 材料　纸、笔、大白纸;教师提前准备 3～5 家企业的招聘简章

活动 1 流程

第一步:理解就业心理素质的含义及其对就业的影响。

就业心理素质是指以先天生理条件为基础,在个体与社会环境、教育交互作用过程中形成的对个体就业活动具有重要影响作用的所有心理品质的总和。其包括认知、情绪、意志、价值观、人际交往、社会适应等多方面的综合素养。就业心理素质是个人合理择业、成功就业、顺利适应职业的心理基础。

对大多数毕业生来说,就业的过程都不会太一帆风顺,在这个过程中,就业心理素质直接或间接地影响就业的全过程。其影响主要体现在以下几个方面:

(1)就业目标的选择:心理素质好的人能够更客观、准确地分析自我,了解自己的专业、能力、兴趣爱好等,从而更准确地设定就业目标。

(2)就业过程的应对:在就业过程中,可能会遇到各种挑战和困难,如面试、笔试、竞争等。心理素质好的人能够更好地应对这些挑战,保持积极的心态,从而在竞争中脱颖而出。

(3)职业适应与发展:心理素质好的人能够更快地适应新的工作环境,与同事建立良好的关系,从而更容易在工作中获得成功。同时,他们也能够更好地面对工作中的挑战和压力,不断提升自己的能力和素质。

总之,心理素质对就业的影响是多方面的,它不仅影响个人的就业目标选择和就业过程应对,还影响个人的职业适应与发展。因此,在就业过程中,我们应该注重培养自己的

心理素质，提高自己的心理承受能力和应对能力，从而更好地适应职业发展的需要。

第二步：进行自我就业心理调适。

（1）在就业过程中，毕业生由于心理不够成熟和社会经验缺乏，很容易出现一些就业心理不适。毕业生应当学会洞察这些不适并做好自我心理调适，顺利实现就业。

阅读表6-1中所列内容，了解大学生毕业时主要存在的就业心理问题。

表6-1 大学生常见就业心理问题

主要表现	主要心理问题
盲目从众心理	有的人在找工作的时候喜欢当"吃瓜群众"，跟着凑热闹，随波逐流，其他人找什么工作，自己也跟着去找，什么工作热门就去找什么工作，从不考虑自身情况。这往往导致时间和精力的浪费，不仅不能发挥自身优势，反而错失最佳就业时机
自负自大心理	认为自己有英语等级证书、奖学金证书、优秀学生干部证书等，自信满满，给自己定位了高起点："非世界500强不去。"可是他们还没有认识到工作中需要的是更多的实践经历，自信一旦过头就会变成自负。其实用人单位更喜欢脚踏实地而非自负自大的人
自卑消极心理	因所学专业不理想，并且自己专业知识、专业技能及综合素质均不如其他同学，再加上因求职屡次受挫，产生强烈的自卑感，并进而转化为自卑心理，发展到害怕求职，不敢面对招聘者，这样更增加了就业的难度。就业一次失败了，应调整好心态重新面对
躺平心理	就业越积极，就越容易获得好的工作机会
被动依赖心理	虽然接受了大学高等教育，但在很多事情上还是缺乏应有的分析和解决问题的决策能力。在择业就业时，对一个单位是否适合自己，一味依靠父母师长之意、师兄师姐之言进行取舍，表现出较强的依赖心理。自己需要什么只有自己本人最清楚，需要自己去面对
犹豫心理	经过激烈竞争，终于到了要签约的时刻。但此时，犹豫不决了，在"签还是不签"的选择中犹豫不定

（2）请思考后写下自己目前存在哪些就业心理不适问题。

_____

_____

（3）就业心理自我调适内容。

①自信不自负。自信是人对自身力量的一种确信，深信自己一定能做成某件事情，实现所追求的目标。自信对于人际交往、事业发展等都非常重要。对于毕业生来说，只有坚信自己能够从竞争中胜出，才能正常发挥自己的实力，充分展示自我。自负是过高地估计自己，实际上就是盲目自信，这是一种不成熟的心理，毕业生如果自信心超过一定的度，超越了个人实际，就会发展成为自负，有这种心理的毕业生在就业竞争中会因对自我缺乏客观认识，容易遭受挫折和失败。

②谦虚不自卑。谦虚是指虚心、不自满、不夸大自己的能力或价值，这是一种内在的心态，也是一种外在的态度和行为。在就业竞争中，谦虚是一种积极的心态，有助于毕业生实事求是地展示自我，以真诚来打动招聘者，从而取得成功。

自卑是一种性格缺陷，表现为对自己的能力、品质评价过低，胆小，信心不足，同时伴有一些特殊的情绪体现，如害羞、内疚、不安等。具有自卑心理的人，会低估自己，觉得自己处处不如他人。过分的谦虚就会成为自卑。

③具有较强的心理承受能力。较强的心理承受能力是指在遭受挫折时，个人能否接受失败，承受压力；个人能否通过努力摆脱心理问题的影响和干扰。具有较强心理承受能力的毕业生，往往是因为在其成长的过程中有遇挫经验，所以，他们耐受挫折的能力相对较强。

④能进行自我心理调适。良好的心理素质最直接、最具体的体现就是个体能进行自我心理调适，通过自我心理调适，来调整心态、控制情绪、舒解压力和解除困扰，从而使自己的心理状态保持在一个正常水平。

在就业过程中，毕业生的心路历程是跌宕起伏、曲折反复的。遇到心理问题时，个体能否进行自我心理调适就显得愈加重要。具有这种心理素质的毕业生可以通过个人努力，克服不良心理影响，以健康的心理迎接新的挑战，最终实现自己的就业目标。

（4）常见的就业心理自我调适方法（图6-1）。

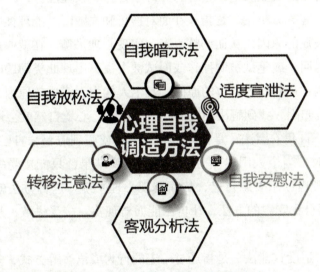

图6-1 常见的就业心理自我调适方法

①自我暗示法。自我暗示法，是指个体通过主观想象某种特殊的人与事物的存在来进行自我激励，达到改变行为和主观经验的目的，这也是较为常用的心理调适方法之一，一些性格较为内向、不愿意将内心苦闷倾诉给他人的毕业生可以采用此方法，通过积极的自我暗示，可以肯定自我，克服消极的心理状态，实现心理平衡。例如，求职者可以大声说出来，或默念，或写出来，如"我是一个出类拔萃的求职者""我一定能找到适合自己的工作""天生我材必有用"等，通过这种方法可以克服自卑，稳定情绪，舒缓压力，达到调整不良心态的目的。

②自我放松法。自我放松法，是指通过肢体、意念的调控来实现放松的调适方法，可

以帮助人们减轻或消除各种不良的身心反应。在就业过程中，当遇到面试、演讲等环节时，很多毕业生会出现紧张、焦虑等情绪，此时可以采用此方法进行调适，一是肌肉放松，基本方法是先局部后全部，让肌肉群适时保持紧张，然后放松，主要是体验由紧张到放松的感觉。如默数1、2、3、4、5，用力握紧拳头，坚持10秒，然后彻底放松双手，体验放松的感觉。二是意念放松，基本方法是先稳定情绪，静下心来，闭上眼睛，排除杂念，然后把注意力集中到下丹田，用腹式呼吸法慢慢呼吸，吸气时，想象丹田处有一股气从腹部升到胸部，再升到头部；呼气时，想象这股气从头顶向后顺到脖子、脊梁直至回到丹田，反复几次，能达到消除紧张的效果。

③转移注意法。转移注意法，是指在出现心理问题不易控制时，可以采取迂回的办法，把自己的注意力、精力和情感转移到其他活动上，从而达到排解内心苦闷、烦躁、放松心情的目的。当毕业生遇到挫折出现郁闷、痛苦、悲伤等消极心境时，可以转移注意力，去做自己喜欢做的事情，如参加体育锻炼、听音乐、看电影等活动，待消极情绪有所缓解时再冷静考虑自己的就业问题，这时的分析才会客观和理性。

④客观分析法。客观分析法，是指人在面对挫折和失败时，能理性、冷静地面对出现的问题，客观分析失败的原因，从而调整心态，实现心理平衡。在就业过程中，难免会遇到挫折，或简历被退回，或笔试被刷掉，或面试被淘汰，出现此类问题时，一定要客观分析原因，是个人原因，还是用人单位的原因；是个人能力、素质的原因，还是就业目标偏高的原因。通过正确归因，找到解决问题的办法，情绪、心境自然就会调整到常态。

⑤自我安慰法。自我安慰法，是指通过心理暗示或心理慰藉来自己安慰自己的方法。毕业生在遭遇挫折时，当个人用尽全力仍然无法改变结果，只能接受失败时，可以找一个自己可以接受的理由，来安慰自己，从而实现心理平衡。这种方法就是鼓励毕业生要有"阿Q精神"，用自我安慰的方法，让自己能面对现实，接受失败，从而尽快走出心理困境。

⑥适度宣泄法。适度宣泄法，是指通过一定的行为或语言等方式，来减缓或释放心理压力。毕业生在心理压力过大时，为了减轻心理压力，可以采取宣泄的方式，来排解不良情绪。当然，宣泄必须适度，要注意场合、身份，不能对自身、他人及社会造成直接或间接的伤害。

案例分享

张超就读于陕西某高校，在校期间表现出色，成绩优异，曾获得国家奖学金，还担任过学生会副主席，组织、协调和人际交往能力都很不错。在大家眼里，他肯定能找到一份不错的工作。然而，事实并非如此。进入毕业季，大家都在忙着制作简历，准备应聘时，他在准备专升本，想着如果考不上也可以去找工作。转眼到了6月，成绩出来了,他没有考上。张超开始向他中意的几家企业投递简历,也参加了一些笔试和面试,但最终都没有结果。经历了几次打击后,张超开始"怀疑"自己,也变得有些慌张。于是,他开始退而求其次,他决定放弃和自己专业对口的工作,转行做一名房产销售。后来,他发现这样的工作与自己所学的专业相差甚远,没有发展空间,于是,他孤身一人前往上海打拼。刚到上海,张超倍感彷徨,他参加了几场大型招聘会,最终被一家互联网公司录取,有了前面的求职经验后,他更加珍惜来之不易的工作机会。为了能在这个单位发展得更好,他还自费读了成人本科,利用空闲时间给自己充电。回顾自己的求职过程,张超说:"机会是给有准备的人的,最初的我太自信,以致没有认清自己,对就业准备得不充分。其实,大学生就业首先要有一个切合实际的就业目标,提前做好职业规划;其次,要果断,机会稍纵即逝,在社会需求呈现买方市场的态势下,好的用人单位不可能等待你迟来的回复;最后,毕业生要调整好自己的心态,面对暂时的求职失败,要保持乐观的心态,深入分析原因,努力改进,争取在下一次的求职中脱颖而出。"

启示: 张超在求职一开始时存在盲目自信的问题,以至于没有认清自己,认清社会现状,对就业的准备不充分,想当然地认为找工作不是件太难的事情。临近毕业的求职过程中屡屡受挫以至于怀疑自己的能力出现问题。由于没有对自己进行清晰的定位,盲目选择了和自己专业不相关的专业,以至于后面觉得发展空间不大,再次辞职。张超在不断地寻求与认识社会现实的过程中也在不断地认识自己。痛定思痛,他调整好心态决定去上海寻求更多的工作机会。被一家互联网公司录取后,他在踏实工作的同时也不忘提升自我,自费上了成人本科,逐渐实现人生价值。这充分说明了良好的心态可以对毕业生的求职起到事半功倍的作用。

活动2名称 获取并分析就业信息

活动2目的 通过活动让学生掌握获取就业信息的渠道,收集就业信息并能够对就业信息进行分析,从而获得有效的就业信息,帮助自己更顺利地就业。

活动2材料 手机、笔记本

活动2流程

第一步: 获取就业信息。

在走向职业世界的道路上,信息是最坚实的"铺路石"。因此,大学生在开始求职之前,首先要关注的便是就业信息,这是求职应聘的关键一步。对毕业生而言,获取就业信息具有非常重要的价值,可以帮助他们更好地了解市场行情、增加就业机会、提高竞争力及做出更明智的决策。因此,在求职过程中,毕业生应该积极获取各种就业信息,为自己的职业发展打下坚实的基础。了解就业信息获取的主要途径(图6-2)。

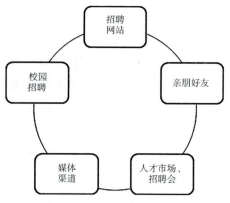

图 6-2　就业信息获取的主要途径

（1）校园招聘：校园招聘主要是指学校就业指导部门或各学院、各系部发布的招聘信息或组织的招聘活动等。学校就业指导相关部门对毕业生进行就业政策咨询和就业工作指导，这些部门将毕业生就业指导工作与相关单位相连接，是用人单位录用毕业生所依赖的一个主要窗口。学校就业指导部门所获得的信息针对性较强，且有时效性。此外，学校就业指导部门还会根据上级有关部门的精神和指示，发布各种新的就业政策和规定，学生通过本校就业指导中心可以了解本年度当地就业的动态变化及各种就业信息资料。

（2）人才市场与校外招聘会：人才市场与校外招聘会指的是当地劳动主管部门或各级各类人才中介机构为大学毕业生提供求职信息，组织招聘活动。其包括人才服务中心、各级职业介绍所、招聘中介公司、各类劳务市场等。

（3）相关媒体或招聘网站：网络、电视、报纸、专业期刊与杂志等各种媒体都会提供人才招聘信息，求职者可以更便捷地掌握人才需求的动态，了解到用人单位的工作性质、所需人才的条件和工作待遇等。这种渠道的最大特点是获取快捷、受众面广、传播速度快、形式多样和信息传递量大。大学生常用求职网站见表 6-2。

表 6-2　大学生常用求职网站

网站名称	网址
国家大学生就业服务平台	https://www.ncss.cn
人才职业网	https://www.rencaijob.com
智联招聘	https://www.zhaopin.com
前程无忧	https://www.51job.com
新华英才网	https://www.chinahr.com
集聘科技/PinCN	https://www.pincn.com
应届生求职网	https://www.yingjiesheng.com
全国大学生创业服务网	https://cy.ncss.cn
中国公共招聘网	https://www.job.mohrss.gov.cn

（4）亲朋好友：亲朋好友主要指的是利用自己的社会关系获取就业信息。在校大学生的社会关系一般可以分为两类：一是自己的亲属和亲属社会关系；二是自己的同学、朋友、教师等关系。他们往往能够提供非常可靠的就业信息。

第二步：分析就业信息。

在这个大数据时代，信息的收集比以前任何时候都容易，大学生求职时将面临海量的信息，如何将收集的信息转变为自身最有价值、最有效的就业信息呢？大学生需要掌握就业信息的分析方法（图6-3）。

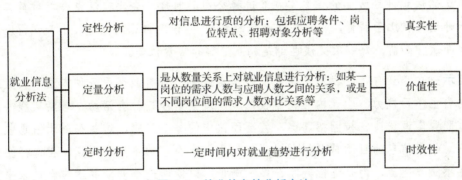

图6-3　就业信息的分析方法

（1）就业信息一般都有时间限制。在收集就业信息时，应特别注意信息是否公布了招聘日期，如有则应该在规定的时间内应聘。一旦看准就要有所行动，该出手时就出手，以便把握良机，真正找到自己心仪的职业。

（2）"专业对口（或相近）"往往是用人单位与求职者，尤其是应届毕业生双向选择中的共同标准，这可以使个人更容易发挥专业特长，避免所学专业资源的浪费。但这并不是绝对的，有很多的成功人士都是半路从事某项职业的，专业与个人的职业潜质并不等价。因此，用人单位虽然对所需求的人员有一定的要求，但也并非一成不变的。

（3）作为一个刚毕业的大学生，首先要立足，让单位接纳自己，这样才能找到一个表现的平台展示自己的实力。同时，要学会客观地分析所收集的就业信息，正确对待自己和工作，既要考虑今后自身的发展，也要从实际出发。适合自己的才是最好的。

（4）收集了求职信息之后，大学生还可以根据职业信息中对人才的要求来对照自己目前的学业水平及能力，从中发现不足并努力缩小差距完善自己，弥补自己在知识技能或综合素质方面的欠缺。这样，既提高了自己的水平，也顺应了社会的要求，而且对自己今后所从事的工作也会有很大的帮助。

案例分享

小云是某高职院校计算机专业的毕业生，在求职过程中，她非常重视信息的收集和整理，因此受益匪浅。在大一、大二期间，她就很留意学校指导中心发布的各种信息，包括学校信息栏、校方微信公众号等发布的信息。课外的职业生涯人物访谈她也认真完成，她认为通过与师兄师姐面对面交流的亲身经历与体验也可以获得宝贵的信息；大三时的就业指导课，她会把如何有效收集信息等笔记仔细整理；在校园招聘会上她也会认真收集每一次面试的信息。在大三找工作的过程中，她收集的信息囊括公司的历史、经营状况计划、选择人才的标准等。在她看来，自己每时每刻都在留意与收集相关信息。

在一次面试中，她坐在面试官面前，主动问道："您能否告诉我一些关于贵公司对于新员工的培训计划方面的信息？在我选择公司的时候，会比较注重公司对员工完善的培养计划，相比于薪资，我更关注未来的发展。"谈到自己的感受，小云觉得即使自己坐在面试官面前，每一次交谈也都是相互了解的宝贵机会。

启示： 在小云身上，我们可以发现她非常好学，具有能运用多种方法来收集就业信息的自主学习能力。上课内容、学校网页、就业讲座、社会活动、暑期实践、毕业实习、职业生涯访谈、校园招聘会，甚至面试中的每个步骤，这些都属于信息收集的一部分。收集信息的目的是分析利用信息，小云有自己的主见和观点，在选择企业的时候并不随波逐流，而是理性判断、多方衡量，以便所选企业能够适应自己未来发展的需要。

任务 2　简历撰写

活动名称　简历撰写
活动目的　掌握简历撰写方法
活动材料　需要学生提前准备各项证书的复印件、实习实践鉴定材料
活动流程

第一步：制定求职策略。

求职策略包括"定位+目标+通道+包装"（图 6-4）。定位：通过了解自己的职业能力、特长与职业兴趣，明确职业定位；目标：通过对人才市场的分析，帮助自己确立清晰的就业目标；通道：根据自身的具体情况，帮助自己选择适合的求职渠道，寻求最佳发展通道；包装：对自己进行必要的包装，如通过简历包装、工作技能包装等帮助营造受欢迎的气氛、展示自身等，帮助自己进行自我推销。

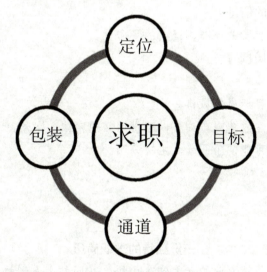

图 6-4　求职策略

第二步：撰写自己的求职简历。

简历制作的原则见表 6-3。

表 6-3　简历制作的原则

简历制作的原则	
	真实性：客观真实，优化处理
	针对性：针对设计，量身定制
	价值性：精简篇幅，突出重点
	条理性：结构严谨，逻辑合理

（1）一般情况下，简历中包含个人信息、求职意向、个人经历、其他信息。

（2）个人信息部分的撰写：个人信息的内容应该简单、直观、清晰，基础信息包含姓名、性别、年龄、联系电话、联系邮箱、学位、个人照片等主要信息。基础信息是必须写的，另外，可选择性地填写可选信息，包括民族、籍贯、身高、体重等。

（3）求职意向：第二部分重点写出自己的求职意向（目标岗位），尽量明确、清晰，可在求职意向后面适当写一些你能够胜任这份工作的优势，不用太多，一至两行即可。

（4）个人经历包括教育经历及相关实践（工作）经历：教育经历一般采用时间倒叙的写法，中间可包含个人的学历教育经历及非学历教育经历；实践经历是指个人与目标岗位相关的实践实习，兼职、工作等经历，最好写明具体的时间和地点，具体从事了什么工作等，如"你做什么＋你怎么做的＋做的结果"。例如，"在××单位负责××工作，通过×××，获得××结果，掌握××技能"。本部分主要是证明你具有从事目标岗位的相关经历经验，是简历的重要部分。

（5）其他信息：其他信息一般是指个人的比赛活动、获奖情况、奖学金等相关信息，或是更能说明自己优势的信息。

注：简历后面要附有相关证书、证明的复印件。

（6）完成自己的简历撰写。

总结：

（1）简历风格要与目标岗位风格一致。

（2）字体与排版上注意美观与细节，尽量用常规字体、字号。

（3）排版上注意尽可能便于阅读，主次分明。

（4）要实事求是。

案例分享

一份独特的求职简历

某高职院校市场营销专业的女大学生小娇，在网站上看到杭州一家在线个性化礼品定制网站招聘新产品开发专员。职位要求追求个性、富有创意，同时，又必须认真细心、具有一定的商业眼光。而她平时喜欢用一些个性化的东西，如将自己得意的照片做成海报、穿与众不同的文化衫。同时，她对自己的时尚眼光相当有信心，她在读书时买的围巾、用的包包都会在女生中刮起一阵流行风。可是怎么说服公司相信自己是最佳人选呢？当她浏览到这家网站上的个性台历时，突然灵机一动，针对自己所应聘岗位的特点，她将自己的基本信息、兴趣爱好、性格特征、技能特长等情况图文并茂地展现出来，并把每一幅图当作台历的一个月份，做成了一本有13页的台历，成功将自己时尚个性的特征展现无余，在众多求职者中脱颖而出。

启示：行胜于言，小娇求职成功归因于事先对所应聘的公司及职位的深入了解，不仅通过"说"，更重要的是用"做"的方式证明自己的胜任能力。她用台历做出具有非凡创意的简历,既说明她有新产品开发能力,喜欢该职业,又展现了自己的风采。当然还有创意,创意让她显得与众不同。

拓展知识

求职资料包括的内容如图 6-5 所示。

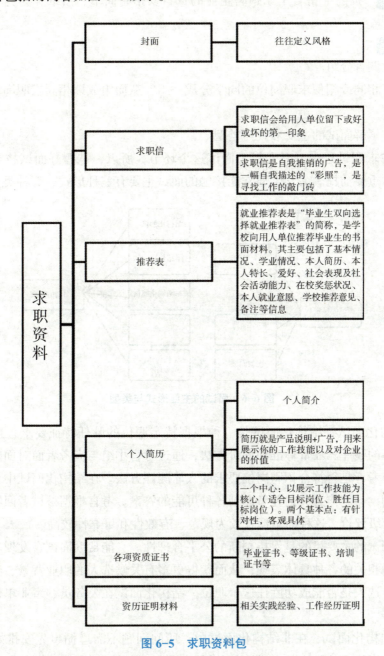

图 6-5 求职资料包

任务 3 面试技巧

活动名称　模拟面试
活动目的　通过活动让学生掌握面试的技能
活动材料　提前准备若干家招聘企业的资料及招聘简章、白纸、马克笔、学生自己的简历资料
活动流程

第一步：调查分组。

教师将有相同或相似求职岗位的同学分成一组，从而组成以相同求职岗位为特征的若干小组。

第二步：了解面试的主要形式与类型。

大学生在求职过程中，都会经历面试这个环节，所以，掌握好面试技能，是找到一份满意工作的重要前提。大学生通常能接触的面试主要有三种形式、五种类型（图6-6）。

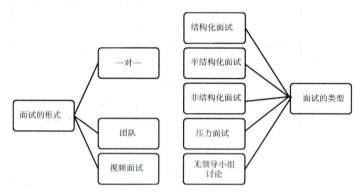

图6-6　面试的主要形式与类型

（1）结构化面试。结构化面试是一种根据特定职位的胜任特征要求，遵循固定的程序，采用专门的题库、评价标准和评价方法，通过考官小组与应考者面对面的言语交流等方式，评价应考者是否符合招聘岗位要求的人才测评方法。在结构化面试中，问题通常是事先设计好的，与工作有关，并考虑到各种可能的答案。考官根据被试者回答的速度和内容对其作出等级评价。这种面试形式较为规范，有效性和可靠性较高。

结构化面试的主要目的是保持判断的公平合理性。它能帮助面试官发现应聘者与招聘职位职业行为相关的各种具体表现，从而获得更多有关候选人的职业背景、岗位能力等信息，判断该候选人是否能成功胜任这个职位。结构化面试在公务员、事业单位、国企面试中运用得较多。

（2）非结构化面试。在非结构化面试中，所问问题不需遵循事先安排好的规则和框架，面试官可以任意地与应聘者讨论各种话题，或根据被试者提出不同的问题。这种面试

方法的优点是过程自然,提问灵活,面试官可以由此全面了解被试者的情况,被试者也感觉更随意和放松,更容易敞开心扉。然而,这种面试由于其结构化和标准化程度较低,被试者之间的可比性不强,可能会影响面试的可信度和效率。

(3)半结构化面试。半结构化面试是介于非结构化面试和结构化面试之间的面试形式。它结合了两者的优点,有效避免了单一方法上的不足。在半结构化面试中,一种情况是主试者可以提前准备重要问题,但不要求按照固定次序提问,且可讨论在面试过程中出现的需要进一步调查的问题。另一种情况是主试者依据事先规划的一系列问题来对被试者提问,根据不同的工作类型设计不同的问题表格。

半结构化面试具有双向沟通性,面试官可以获得比材料中更为丰富、完整和深入的信息,并且面试可以做到内容的结构性和灵活性的结合。因此,这种面试形式越来越得到广泛使用。

(4)压力面试。压力面试是一种有意制造紧张的面试方式,目的是了解求职者将如何面对工作压力。面试人会提出生硬的、不礼貌的问题故意使候选人感到不舒服,针对某一事项或问题做一连串的发问,打破砂锅问到底,直至候选人无法回答。其目的是确定求职者对压力的承受能力、在压力面前的应变能力和人际关系能力。值得注意的是,虽然这种面试方式可能有助于评估候选人的某些能力,但并不是所有人都适合这种面试方式。有些人可能对压力面试感到不适,甚至可能因此而受到伤害。应聘者在面对压力面试时,首先要能识别面试官在进行的是压力测试,其次必须保持情绪稳定,用敏捷的思维和良好的控制力来化解压力测试。

(5)无领导小组讨论。无领导小组讨论俗称小组面试,一般在群面形式下使用。它通过给一组应聘者(一般是5~7人)一个问题,让面试者们在规定时间内进行讨论,来检测面试者的组织协调能力、口头表达能力、辩论能力、说服能力、情绪稳定性、处理人际关系的技巧,以及非言语沟通能力(如面部表情、身体姿势、语调、语速和手势等)等方面的能力和素质是否达到拟任岗位的用人要求,由此来综合评价面试者之间的优劣。

第三步:各小组进行角色分工,发布招聘信息,确定面试形式与类型。

每个小组确定一个企业角色(最好是一个真实的企业背景),然后组内分工,由小组内20%的组员模拟面试官角色,80%的组员模拟面试者角色,为下一环节的模拟面试确定角色分工。面试官角色负责发布招聘信息(最好是真实企业的招聘信息)。

注:企业与招聘岗位都需要围绕本组的求职岗位设定。

第四步:掌握面试的流程(图6-7)。

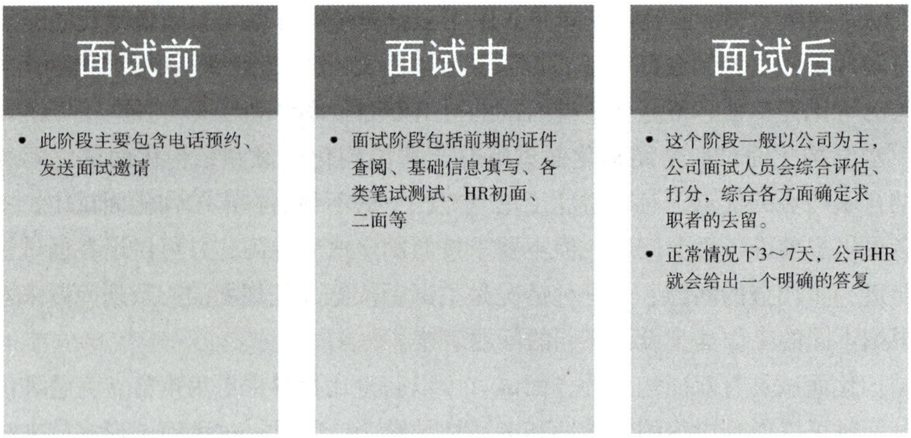

面试前	面试中	面试后
• 此阶段主要包含电话预约、发送面试邀请	• 面试阶段包括前期的证件查阅、基础信息填写、各类笔试测试、HR初面、二面等	• 这个阶段一般以公司为主，公司面试人员会综合评估、打分，综合各方面确定求职者的去留。 • 正常情况下3~7天，公司HR就会给出一个明确的答复

图 6-7　面试的流程

（1）面试前：对于面试是否成功，面试前的准备是非常重要的，一般情况下，面试前应该做以下准备：

①熟悉关于自己背景的所有细节。

②熟悉关于应聘企业的详细情况。

③了解关于职位的关键信息。

④提前准备好自己要提问的问题。

⑤准备好面试的服装。

（2）面试中："面试中"是整个面试的核心环节，在面试中，应聘者应该注意表 6-4 中所列出的几个关键点。

表 6-4　应聘者应注意的关键点

关键点	注意事项
面试中的礼仪	
面试中的自我介绍	

续表

关键点	注意事项
如何向面试官提问	
面试中如何谈薪资待遇	

（3）面试后：很多应聘者会忽视"面试后"这个阶段，其实面试后是非常重要的一个环节，应聘者应当注意以下几个方面：

①确定面试的结束。

②感谢面试官并询问获得面试结果的时间。

③礼貌离开。

面试的最终目的：双向选择。面试不仅是用人单位对应聘者的面试，而且是面试者对企业的"面试"，因此，面试是一个双向了解的过程。

第五步：面试前准备。

"面试官"发布企业信息及具体招聘信息；"面试者"做好面试前的准备并投递简历。

第六步：模拟面试。

"面试官"对"面试者"展开面试，教师负责观察并评分。

第七步：教师进行模拟面试总结与点评。

任务4　就业政策认知

活动名称　解读就业政策

活动目的　通过对国家就业政策的解读，让大学生了解国家就业政策的同时，引导学生将自己的就业目标与国家需要相结合，让学生坚定理想信念，厚植家国情怀，为国家建设和发展贡献自己的力量。

活动材料　教师提前准备好相关的案例资料

活动流程

第一步：了解国家基层项目就业政策。

1. "西部计划"——到祖国最需要的地方去

（1）项目简介：根据国务院常务会议和全国高校毕业生就业工作会议精神，从2003年起，团中央、教育部、财政部、人力资源和社会保障部联合实施大学生志愿服务西部计划，每年招募一定数量的普通高等学校应届毕业生或在读研究生到西部基层开展为期1～3年的志愿服务。2022—2023年度，西部计划紧紧围绕全面实施乡村振兴战略的有关部署，进一步深入实施乡村教育、服务乡村建设、健康乡村、基层青年工作、乡村社会治理、服务新疆、服务西藏7个专项。

（2）招聘条件：凡大专及以上学历，毕业学校为教育部最新公布的《全国普通高校名单》中所列高校的应届毕业生或在读研究生均可报名参加西部计划。不在名单范围内的高校应届毕业生及未毕业学生、往届生等暂时不在招募范围之内。

（3）优惠政策：服务期间，西部计划所需经费由中央和地方财政共同承担。中央财政按照西部地区每人每年3万元（南疆四地州、西藏每人每年4万元）、中部地区每人每年2.4万元的标准给予补助（含工作生活补贴、社保等）；在当地参加社会保险，全国大学生志愿服务西部计划项目管理办公室统一为西部计划志愿者购买综合保障险。志愿者依实际服务年限计算服务期及工龄；服务期满，可报名参加从服务基层项目大学生中定向考录公务员的考试；服务期满，服务期间考核合格，报考硕士研究生的，3年内享受"初试总分加10分，同等条件下优先录取"的优惠政策；报考事业单位工作人员时享受相关优惠政策。

高校毕业生可登录西部计划官方网站，在西部计划报名系统注册、填写报名表，并选择3个意向服务省。下载打印报名表后，经所在院系团委审核盖章，交所在高校项目办（设在团委）审核备案。

2. "三支一扶"计划——到人民最需要的地方去

（1）项目简介："三支一扶"计划是指支教、支农、支医，帮扶乡村振兴。"三支一扶"计划不断拓展服务领域，已从最初的教育、农业、医疗卫生、扶贫扩展到农技推广、水利、农村文化、社会保障等领域。2021年，人力资源和社会保障部会同相关部门印发通知，决定于2021—2025年实施第四轮高校毕业生"三支一扶"计划，每年选派3.2万名左右高校毕业生到基层服务，累计选派16万名，并结合就业形势和"三支一扶"事业发展需要，适时合理调整"三支一扶"计划补助名额。服务期限一般为2~3年。

（2）招聘条件：全日制普通高等院校应届毕业生及以往两届毕业生的专科及以上学历人员，其中，"支医计划"可放宽到成人教育医学专业的大专及以上毕业生，年龄在30周岁以下。

（3）优惠政策：落实工作生活补贴。"三支一扶"人员工作生活补贴标准按照当地乡镇机关或事业单位从高校毕业生中新聘用工作人员试用期满后的工资收入水平确定，并根据物价、同岗位人员待遇水平等动态调整。在艰苦边远地区服务的，享受艰苦边远地区津贴。中央财政补助标准为西部地区每人每年3万元（其中新疆南疆四地州、西藏自治区每人每年4万元），中部地区每人每年2.4万元，东部地区每人每年1.2万元。

①落实社会保险等待遇。"三支一扶"人员按规定参加基本养老、基本医疗、工伤保险。各地根据实际，按规定为"三支一扶"人员办理补充医疗保险，重大疾病、人身意外伤害等商业保险及住房公积金。中央财政按照每人3 000元的标准，为新招募且在岗服务满6个月以上的人员发放一次性安家费。

②加大机关定向考录和事业单位专项招聘力度。落实公务员定向考录政策，各省（区、市）每年拿出公务员考录计划名额的10%左右，面向"三支一扶"计划等服务基层项目人员定向考录。各省（区、市）、县、乡基层事业单位公开招聘时，根据本地区实际拿出一定数量或比例的岗位，对"三支一扶"服务期满考核合格的人员进行专项招聘，并增加工作实绩在考察中的权重，聘用后可以不再约定试用期；省、市事业单位公开招聘时，对"三支一扶"服务期满考核合格的人员在同等条件下优先聘用。

③支持继续学习深造。期满考核合格的"三支一扶"人员，三年内参加全国硕士研究生招生考试的，初试总分加10分，同等条件下优先录取。已被录取为研究生的应届毕业生参加"三支一扶"计划的，学校应为其保留入学资格。高职（高专）毕业生期满且考核合格的，可免试入读成人高等学历教育专科起点本科。期满"三支一扶"人员可按规定享受学费补偿和助学贷款补偿政策。本科及以上学历毕业生参加支医服务的，期满且考核合格后由县级卫生健康主管部门统一安排参加住院医师规范化培训。

④促进多渠道就业创业。依托公共就业和人才服务机构，为自主就业的服务期满人员提供有针对性的就业服务。对就业困难的，提供"一对一"就业帮扶。及时将有创业意愿的服务期满人员纳入创业引领行动，提供创业培训、孵化等服务，鼓励创办家庭农场（林场）、农民合作社，按规定落实扶持政策。参加"三支一扶"计划前无工作经历的人员期满且考核合格的，两年内在参加机关和企事业单位考录（招聘）、自主创业、落户、升学等方面可同等享受应届毕业生相关政策。"三支一扶"人员在基层服务年限计算为工龄，其参加工作时间按其到基层报到之日起算。

3. 大学生村官——投身乡村建设，贡献青春力量

（1）项目简介：2008年，中共中央组织部、教育部、财政部、人力资源和社会保障部出台了《关于印发〈关于选聘高校毕业生到村任职工作的意见（试行）〉的通知》（组通字〔2008〕18号），计划用5年时间选聘10万名高校毕业生到农村担任村党支部书记助理、村委会主任助理或团支部书记、副书记等职务。从2010年开始，扩大选聘规模，逐步实现"一村一名大学生村官"计划的目标。选聘的高校毕业生在村工作期限一般为2～3年。

（2）招聘条件：选聘对象为30岁以下应届和往届毕业的全日制普通高校专科以上学历的毕业生，重点是应届毕业生和毕业1～2年的本科生、研究生，原则上为中共党员（含预备党员），非中共党员的优秀团干部、优秀学生干部也可以选聘。基本条件：一是思想政治素质好，作风踏实，吃苦耐劳，组织纪律观念强；二是学习成绩良好，具备一定的组织协调能力；三是自愿到农村基层工作；四是身体健康。此外，参加人力资源和社会保障部、团中央等部门组织到农村基层服务的"三支一扶""志愿服务西部计划"等活动期满的高校毕业生，本人自愿且具备选聘条件的，经组织推荐可作为选聘对象。

（3）优惠政策：任职期间，享受"村官"补贴（研究生2 600元/月、本科生2 200元/月、专科生2 000元/月，民族地区分别增加200元/月，年底考核合格的增发1个月补贴）；经选举担任村党组织书记和村民委员会主任的，保留大学生村官补贴，同时可享受同级村干部补贴；养老保险、医疗保险参照当地乡镇事业单位干部标准执行；任职期满，服务期间考核合格，报考硕士研究生的，3年内享受"初试总分加10分，同等条件下优先录取"的优惠政策；可报名参加服务基层项目人员定向考录，考录为机关公务员和事业单位工作人员的，其聘任期计算工龄。

第二步：了解大学生征兵入伍政策。

大学生入伍是指部队每年从在校大学生和大学毕业生中招收义务兵，国家鼓励大学生应征入伍服义务兵役，这里的"大学生"是指根据国家有关规定批准设立、实施高等学历教育的全日制公办普通高等学校、民办普通高等学校和独立学院，按照国家招生规定录取的全日制普通本科、专科（含高职）、研究生、第二学士学位的应（往）届毕业生、在校生和已被普通高校录取但未报到入学的学生。征集的大学生以男性为主，女性大学生征集根据军队需要确定。从2020年开始，征兵工作改为"一年两征"，时间调整为3月、9月入伍。

视频资料：2023年征兵公益宣传片

1. 征集对象

男性普通高等学校在校生为年满17至22周岁，大学毕业生放宽到24周岁。女性普通高等学校在校生和毕业生为年满17至22周岁。公民应征入伍要符合国防部颁布的《应征公民体格检查标准》和有关规定。

身高：男性160厘米以上，女性158厘米以上。

体重：男性不超过标准体重的30%，不低于标准体重的15%，女性不超过标准体重的20%，不低于标准体重的15%。

$$标准体重 = 身高 - 110（千克）$$

视力：大学生右眼裸眼视力不低于4.6，左眼裸眼视力不低于4.5。屈光不正，准分子激光手术后半年以上，无并发症，视力达到相应标准的，合格。

内科：乙型肝炎表面抗原呈阴性等。

2. 报名流程

（1）网上报名预征：有应征意向的高校毕业生可在征兵开始之前登录"全国征兵网"（https://www.gfbzb.gov.cn）进行报名，填写、打印《应届毕业生预征对象登记表》和《高校毕业生应征入伍学费补偿国家助学贷款代偿申请表》（以下分别简称《登记表》《申请表》），交所在高校征兵工作管理部门。

（2）初审、初检：毕业生离校前，在高校参加身体初检、政治初审，符合条件者确定为预征对象，高校协助兵役机关将《登记表》和《申请表》审核盖章发给毕业生本人，并完成网上信息确认。初审、初检工作最晚分别在2月和7月完成。

（3）实地应征：高校应届毕业生可在学校所在地应征入伍，也可在入学前户籍所在地应征入伍。

（4）组织高校应届毕业生在学校所在地征集的，结合初审、初检工作同步进行体格检查和政治审查，在毕业生离校前完成预定兵，3月初和9月初学校所在地县（市、区）人民政府征兵（市、区）公安部门负责，学校分管部门具体承办，原则上不再对其入学前和就读返乡期间的现实表现情况进行调查。

（5）在入学前户籍所在地应征入伍的，高校应届毕业生7月30日前将户籍迁回入学前户籍地，持《登记表》和《申请表》到当地县级兵役机关参加实地应征，经体格检查、政治审查合格的，3月初和9月初由当地县（市、区）人民政府征兵办公室办理批准入伍手续。

3. 服役期间的有关就学政策

（1）保留入学资格或学籍。

①入伍高校新生可以申请保留入学资格。退役后两年内，可以在退役当年或第2年在高校新生入学期间，持《保留入学资格通知书》和高校录取通知书，到录取高校办理入学手续。

②现役军人入伍前已被普通高等学校录取或正在普通高等学校就读的学生，服役期间保留入学资格或学籍，退出现役后两年内允许入学或复学。

（2）享受学费资助。国家对应征入伍服义务兵役或直接招收为士官的高校学生在校期间缴纳的学费实行一次性补偿，对获得的国家助学贷款实行代偿，退役后复学或入学的实行学费减免。本专科生每人每年最高不超过 12 000 元，硕士研究生每人每年最高不超过 16 000 元。

（3）大学生士兵退役后享受升学优惠政策。

①高职（专科）学生入伍经历可作为毕业实习经历。

②退役大学生士兵入学或复学后免修军事技能训练，直接获得学分。

③放宽退役大学生士兵复学转专业限制。大学生士兵退役后，经学校同意并履行相关程序后，可转入本校其他专业学习。

④高职（专科）学生应征入伍，退役后在完成高职（专科）学业的前提下，可免试入读普通本科，或根据意愿入读成人本科。

⑤应征入伍的高校毕业生退役后报考政法干警招录培养体制改革试点招生时，教育考试笔试成绩总分加 10 分。

（4）大学生士兵退役后享受就业安置优惠政策。2020 年 11 月 11 日，《中华人民共和国退役军人保障法》已由中华人民共和国第十三届全国人民代表大会常务委员会第二十三次会议通过，自 2021 年 1 月 1 日起施行，该保障法对退役军人就业安置作了明确规定。

①对退役的士兵，国家采取自主就业、安排工作、供养等方式妥善安置。以自主就业方式安置的，领取一次性退役金。以安排工作方式安置的，由安置地人民政府根据其服现役期间所作贡献、专长等安排工作岗位。以供养方式安置的，由国家供养终身。

②公共人力资源服务机构应当免费为退役军人提供职业介绍、创业指导等服务。国家鼓励经营性人力资源服务机构和社会组织为退役军人就业创业提供免费或优惠服务。退役军人未能及时就业的，在人力资源和社会保障部门办理求职登记后，可以按照规定享受失业保险待遇。

③机关、群体组织、事业单位和国有企业在招录或招聘人员时，对退役军人的年龄和学历条件可以适当放宽，同等条件下优先招录、招聘退役军人。退役的军士和义务兵服现役经历视为基层工作经历。

④各地应当设置一定数量的基层公务员职位，面向服现役满五年的高校毕业生退役军人招考，服现役满五年的高校毕业生退役军人可以报考面向服务基层项目人员定向考录的职位，同服务基层项目人员共享公务员定向考录计划。各地应当注重从优秀退役军人中选聘党的基层组织、社区和村专职工作人员。

⑤军队文职人员岗位、国防教育机构岗位等，应当优先选用符合条件的退役军人。

⑥县级以上地方人民政府投资建设或者与社会共建的创业孵化基地和创业园区，应

当优先为退役军人创业提供服务。有条件的地区可以建立退役军人创业孵化基地和创业园区,为退役军人提供经营场地、投资融资等方面的优惠,服务退役军人创办小微企业,可以按照国家有关规定申请创业担保贷款,并享受贷款贴息等融资优惠政策。

⑦退役军人从事个体经营,依法享受税收优惠政策。

⑧用人单位招用退役军人符合国家规定的,依法享受税收优惠等政策。

⑨退役军人服现役年限计算为工龄,退役后与所在单位工作年限累计计算。

⑩失业保险的缴费年限依法合并计算。退役军人服现役年限与入伍前、退役后参加职工基本养老保险、职工基本医疗保险、失业保险的缴费年限依法合并计算。

第三步: 了解重点群体就业帮扶政策。

(1)实施宏志助航计划。教育部组织实施"中央专项彩票公益金宏志助航计划——全国高校毕业生就业能力培训项目",设立"全国高校毕业生就业能力培训基地"。面向有就业意愿的毕业生群体开展线上线下就业能力培训,帮助他们提高综合素质和就业能力。各地各高校和各培训基地要精心组织实施,加强政策宣传,提升项目培训效果,努力帮助参加培训的毕业生实现就业。鼓励各地创造条件,推动"宏志助航计划"覆盖更多毕业生。

(2)完善就业帮扶机制。教育部组织开展直属高校与地方高校、东部高校与西部高校就业对口帮扶,推动区域、学校之间就业渠道互补、就业资源共享。各地各高校要进一步完善就业帮扶机制,建立就业困难毕业生群体帮扶工作台账,对低收入家庭、身体残疾等毕业生重点群体,按照"一人一档""一人一策"开展重点帮扶。

任务5　掌握就业协议书与劳动合同的签订

活动名称　模拟就业协议签订

活动目的　通过活动，让学生了解就业相关的法律法规，认识就业协议与劳动合同，洞察不平等协议，了解就业协议书与劳动合同签订时的注意事项，能够运用法律法规知识维护自身权益。

活动材料　教师需要提前准备好若干份就业协议书

活动流程

第一步：了解大学生就业权益。

大学毕业生作为就业群体中的一个重要群体，享有一定的就业权益，其主要内容如下。

1. 接受就业指导权

接受就业指导和服务是每个大学毕业生具有的权利。指导和服务的主体包括高等学校和各级人民政府及相关社会组织。《中华人民共和国高等教育法》第五十九条规定："高等学校应当为毕业生、结业生提供就业指导和服务。"由此，在求职择业阶段从学校接受就业指导和服务是大学生的一项重要权益。大学生应当充分利用各高校成立的就业指导服务机构接受就业指导，并通过网络、媒体、招聘会等形式获取就业信息和服务。

2. 平等就业权

《中华人民共和国就业促进法》第二十六条规定："用人单位招用人员、职业中介机构从事职业中介活动，应当向劳动者提供平等的就业机会和公平的就业条件，不得实施就业歧视。"大学毕业生在参加求职择业过程中，应当享有平等就业权。平等就业权是大学生就业权利中最重要的权益，主要包括以下权利：

（1）获取就业信息权。政府、高校、社会和用人单位为大学毕业生提供就业信息应当遵循公开、全面、及时、准确的原则。所有信息应当向全体毕业生公开，不得截留和隐瞒；公布信息应当及时、准确，不得将过时无用的信息提供给学生。

（2）被推荐权。学校向用人单位推荐学生时应当坚持实事求是，如实推荐，不得随意抬高或贬低学生。学校推荐毕业生时应当坚持公平、公正和公开，为学生提供公平竞争的机会。学校应当坚持择优推荐的原则，根据学生的在校表现和用人单位的要求选择优秀大学毕业生进行推荐。

（3）公平受录用权。用人单位录用毕业生的过程中，应当公平、公正、一视同仁。用人单位在招用职工时，除国家规定不适合从事的工种或岗位外，不得以性别、民族、种族、宗教信仰为由拒绝录用或提高录用标准。

（4）公平待遇权。国家法律规定：工资分配应当遵循按劳分配原则，实行同工同酬。

国家保障妇女享有与男子平等的劳动权利和社会保障权利。实行男女同工同酬。妇女在享受福利待遇方面享有与男子平等的权利。用人单位不得以性别、民族、户籍等因素降低大学生的福利待遇。

3. 自主择业权

根据国家有关规定，各类普通高校毕业生，在国家就业方针、政策指导下自主择业。只要符合国家的就业方针、政策，毕业生就可以自主地选择用人单位，学校、其他单位和个人均不得干涉，不得以任何理由强迫大学生"就业"。

4. 违约求偿权

大学毕业生、用人单位、学校三方签订就业协议后，三方都应严格履行协议。任何一方不得擅自变更或解除协议，否则应承担相应的违约责任。对于用人单位无故要求解除就业协议的，大学毕业生有权要求对方严格履行就业协议或要求用人单位支付协议约定的违约金。

5. 就业信息知情权

就业信息知情权应包括三个方面含义：信息公开，是指所有用人单位的需求信息必须向全体毕业生公开，任何单位和个人不得隐瞒、截留需求信息；信息及时，是指毕业生获取的信息必须及时、有效，而不能将过时无利用价值的信息传递给学生；信息全面，是指毕业生有权获得准确、全面的就业信息，以便对用人单位有全面的了解和进行筛选，从而作出符合自身要求的选择。

第二步：了解就业相关法律法规与权益保护

毕业生作为高校就业市场人才供给的主体，若想使自己的就业权益得到及时有效的保护，就必须成为一个懂法和守法的人，就必须主动学习法律知识，提高自身的法律维权意识，只有这样，才能在就业的过程中尽可能防止权益受侵，才能懂得在权益受侵之后如何及时有效地寻求法律援助。我国现行法律法规中和毕业生就业权益密切相关的有以下几个。

1.《中华人民共和国宪法》和《中华人民共和国就业促进法》

《中华人民共和国宪法》第三十三条规定："凡具有中华人民共和国国籍的人都是中华人民共和国公民。中华人民共和国公民在法律面前一律平等。"2008年1月1日开始施行的《中华人民共和国就业促进法》中有对公平就业的规定。《中华人民共和国就业促进法》第二十五条规定："各级人民政府创造公平就业的环境，消除就业歧视，制定政策并采取措施对就业困难人员给予扶持和援助。"第二十七条规定："国家保障妇女享有与男子平等的劳动权利。用人单位招用人员，除国家规定的不适合妇女的工种或者岗位外，不得以性别为由拒绝录用妇女或者提高对妇女的录用标准，用人单位录用女职工，不得在劳动合同中规定限制女职工结婚、生育的内容。"第二十八条规定："各民族劳动者享有平等的劳动权利。用人单位招用人员，应当依法对少数民族劳动者给予适当照顾。"第二十九条规定："国家保障残疾人的劳动权利。各级人民政府应当对残疾人就业统筹规划，为残疾人创造就业条件。用人单位招用人员，不得歧视残疾人。"第三十条规定："用人单位招用人员，不得以是传染病病原携带者为由拒绝录用。但是，经医学鉴定传染病病原携带者在治愈前或者排除传染嫌疑前，不得从事法律、行政法规和国务院卫生行政部门规定禁止从事的易使传染病扩散的工作。"

2.《中华人民共和国民法典》

（1）主体平等、自愿、公平和诚信原则。《中华人民共和国民法典》第四条规定："民事主体在民事活动中的法律地位一律平等。"第五条规定："民事主体从事民事活动，应当遵循自愿原则，按照自己的意思设立、变更、终止民事法律关系。"第六条规定："民事主体从事民事活动，应当遵循公平原则，合理确定各方的权利和义务。"第七条规定："民事主体从事民事活动，应当遵循诚信原则，秉持诚实，恪守承诺。"这就是说，在就业市场上，高校毕业生与用人单位在法律地位上是平等的。毕业生在与用人单位签订就业协议和劳动合同时，要以平等的身份与之协商，并最终达成双赢的协议和合同。同时，毕业生在就业的过程中也应当遵守诚信原则，在简历中要实事求是地写明自己的情况。毕业生也要注意考察用人单位的诚信状况，调查其是否有事先承诺优厚待遇但事后不予兑现的现象，以免签订协议和合同后自身权益受侵害。

（2）用人单位主体资格。《中华人民共和国民法典》承认的民事法律关系的主体主要是自然人和法人。《中华人民共和国民法典》第五十七条规定："法人是具有民事权利能力和民事行为能力，依法独立享有民事权利和承担民事义务的组织。"用人单位主体应该是法人，一般包括企业法人、机关、事业单位和社会团体法人。签约前一定要行使自己的知情权，详细了解用人单位的情况。

3.《中华人民共和国劳动合同法》

（1）《中华人民共和国劳动合同法》规定了劳动关系确立的标准。《中华人民共和国劳动合同法》第七条、第十条明确规定："用人单位自用工之日起即与劳动者建立劳动关系。用人单位应当建立职工名册备查。""建立劳动关系，应当订立书面劳动合同。"也就是说，无论是否签订了书面劳动合同，只要存在实际的用工行为，那么毕业生与用人单位之间的劳动关系就算是建立成功了，毕业生随之就能享有与已签订劳动合同者相同的所有权利。

另外，《中华人民共和国劳动合同法》在签订劳动合同方面还有新规定，第十条规定："已建立劳动关系，未同时订立书面劳动合同的，应当自用工之日起一个月内订立书面劳动合同。"这就说明，如果在自用工之日起一个月内订立了书面劳动合同，其行为不违法。第八十二条规定："用人单位自用工之日起超过一个月不满一年未与劳动者订立书面劳动合同的，应当向劳动者每月支付二倍的工资。用人单位违反本法规定不与劳动者订立无固定期限劳动合同的，自应当订立无固定期限劳动合同之日起向劳动者每月支付二倍的工资。"第十四条规定："用人单位自用工之日起满一年不与劳动者订立书面劳动合同的，视为用人单位与劳动者已订立无固定期限劳动合同。"

（2）《中华人民共和国劳动合同法》规定了试用期和合同期限。《中华人民共和国劳动合同法》第十九条规定："劳动合同期限三个月以上不满一年的，试用期不得超过一个月；劳动合同期限一年以上不满三年的，试用期不得超过二个月；三年以上固定期限和无固定期限的劳动合同，试用期不得超过六个月。同一用人单位与同一毕业生只能约定一次试用期。以完成一定工作任务为期限的劳动合同或者劳动合同期限不满三个月的，不得约定试用期。试用期包含在劳动合同期限内。劳动合同仅约定试用期的，试用期不成立，该期限为劳动合同期限。"第二十条规定："劳动者在试用期的工资不得低于本单位相同岗位最低档工资或者劳动合同约定工资的百分之八十，并不得低于用人单位所在地的最低工资标准。"第二十一条规定："在试用期中，除劳动者有本法第三十九条和第四十条第一项，第二项规定的情形外用人单位不得解除劳动合同。用人单位在试用期解除劳动合同的，应当向劳动者说明理由。"这些新的法律规定，将有效制止用人单位对试用期的滥用行为。

（3）《中华人民共和国劳动合同法》进一步强化了劳动者的知情权。《中华人民共和国劳动合同法》第八条规定："用人单位招用劳动者时，应当如实告知劳动者工作内容、工作条件、工作地点、职业危害、安全生产状况、劳动报酬，以及劳动者要求了解的其他情况；用人单位有权了解劳动者与劳动合同直接相关的基本情况，劳动者应当如实说明。"因此，毕业生在与用人单位签订就业协议及劳动合同时，应大胆向用人单位询问与自己权益相关的问题，例如，工作内容、工作条件、工作地点、安全生产状况、劳动报酬、社会保险，以及劳动者希望了解的其他与订立和履行劳动合同（就业协议）直接相关的情况，如工作时间、休息休假、福利等。

（4）《中华人民共和国劳动合同法》为毕业生的自主择业权的行使提供了新保障。《中华人民共和国劳动合同法》第九条规定："用人单位招用劳动者，不得扣押劳动者的居民身份证和其他证件，不得要求劳动者提供担保或者以其他名义向劳动者收取财物。"第八十四条规定："用人单位违反本法规定，扣押劳动者居民身份证等证件的，由劳动行政部门责令限期退还劳动者本人，并依照有关法律规定给予处罚。用人单位违反本法规定，以担保或者其他名义向劳动者收取财物的，由劳动行政部门责令限期退还劳动者本人，并以每人五百元以上两千元以下的标准处以罚款；给劳动者造成损害的，应当承担赔偿责任。"因此，毕业生在依法解除或者终止劳动合同时，如果用人单位扣押劳动者档案或者其他物品，就可以寻求法律的帮助。

4.《中华人民共和国劳动法》中有关就业权益保护的内容

（1）《中华人民共和国劳动法》关于工资、女职工特殊保护与社会保险和福利的规定。

①关于工资。《中华人民共和国劳动法》第五十条规定："工资应当以货币形式按月支付给劳动者本人。不得克扣或者无故拖欠劳动者的工资。"第五十一条规定："劳动者在法定休假日和婚丧假期间以及依法参加社会活动期间，用人单位应当依法支付工资。"

②关于女职工特殊保护。《中华人民共和国劳动法》第六十一条规定:"不得安排女职工在怀孕期间从事国家规定的第三级体力劳动强度的劳动和孕期禁忌从事的活动。对怀孕七个月以上的女职工,不得安排其延长工作时间和夜班劳动。"第六十二条规定:"女职工生育享受不少于九十天的产假。"第六十三条规定:"不得安排女职工在哺乳未满一周岁的婴儿期间从事国家规定的第三级体力劳动强度的劳动和哺乳期禁忌从事的其他劳动,不得安排其延长工作时间和夜班劳动。"

③关于社会保险和福利。《中华人民共和国劳动法》第七十二条规定:"社会保险基金按照保险类型确定资金来源,逐步实行社会统筹。用人单位和劳动者必须依法参加社会保险,缴纳社会保险费。"第一百条规定:"用人单位无故不缴纳社会保险费的,由劳动行政部门责令其限期缴纳;逾期不缴的,可以加收滞纳金。"

(2)《中华人民共和国劳动法》有关工作时间和休息休假的规定。

①关于工作时间。《中华人民共和国劳动法》第三十六条规定:"国家实行劳动者每日工作时间不超过八小时、平均每周工作时间不超过四十四小时的工时制度。"第四十四条规定:"有下列情形之一的,用人单位应当按照下列标准支付高于劳动者正常工作时间工资的工资报酬:安排劳动者延长工作时间的,支付不低于工资的百分之一百五十的工资报酬;休息日安排劳动者工作又不能安排补休的,支付不低于工资的百分之二百的工资报酬;法定休假日安排劳动者工作的,支付不低于工资的百分之三百的工资报酬。"

②关于休息休假。《中华人民共和国劳动法》第四十条规定:"用人单位在下列节日期间应当依法安排劳动者休假:元旦,春节,国际劳动节,国庆节,法律、法规规定的其他休假节日。"第三十八条规定:"用人单位应当保证劳动者每周至少休息一日。"

5.《中华人民共和国劳动争议调解仲裁法》中与就业权益保护相关的内容

2008年5月1日起开始施行的《中华人民共和国劳动争议调解仲裁法》中的一些新规定在很多方面打通了毕业生权益受侵后的救济之路。当毕业生的权益受到损害时,可以通过仲裁的方式解决。毕业生与用人单位按照双方自愿的原则,达成仲裁协议,可以向仲裁委员会申请仲裁。没有仲裁协议,一方申请仲裁的,仲裁委员会不予受理。如当事人双方没有达成仲裁协议,都可以向人民法院起诉。

(1)《中华人民共和国劳动争议调解仲裁法》中的仲裁应遵循一定的法定程序。

①申请人递交申请书,仲裁委员会收到仲裁申请书之日起五日内,认为符合受理条件的,应当受理,并通知当事人;认为不符合受理条件的,应当书面通知当事人不予受理,并说明理由。

②仲裁委员会受理仲裁申请后,应当在仲裁规则规定的期限内将仲裁规则和仲裁员名册送达申请人,并将仲裁申请书副本和仲裁规则、仲裁员名册送达被申请人。

③被申请人收到仲裁申请书副本后,应当在仲裁规则规定的期限内向仲裁委员会提交答辩书,仲裁委员会收到答辩书后,应当在仲裁规则规定的期限内将答辩书副本送达申请

人。被申请人未提交答辩书的，不影响仲裁程序的进行。

④仲裁应当开庭进行。当事人协议不开庭的，仲裁庭可以根据仲裁申请书、答辩书以及其他材料作出裁决。仲裁庭在作出裁决前，可以先行调解。当事人自愿调解的，仲裁庭应当调解。调解不成的，应当及时作出裁决。

⑤调解书经双方当事人签收后，即发生法律效力。裁决书自做出之日起发生法律效力。

⑥当事人应当依照规定的期限履行裁决，一方当事人不履行的，另一方当事人可以依照民事诉讼法的有关规定向人民法院申请执行，受理申请的人民法院应当执行。

（2）《中华人民共和国劳动争议调解仲裁法》有关条款的调整。

①《中华人民共和国劳动争议调解仲裁决》改进了仲裁前置，第四十七条规定："下列劳动争议，除本法另有规定的外，仲裁裁决为终局裁决，裁决书自作出之日起发生法律效力：一是追索劳动报酬、工伤医疗费、经济补偿或者赔偿金，不超过当地月最低工资标准十二个月金额的争议；二是因执行国家的劳动标准在工作时间、休息休假、社会保险等方面发生的争议。"同时还规定，劳动者对第四十七条规定的仲裁裁决不服的，可以自收到仲裁裁决书之日起十五日内向人民法院提起诉讼。

②《中华人民共和国劳动争议调解仲裁法》改动了劳动争议申请仲裁的时效。《中华人民共和国劳动法》原规定当事人申请劳动仲裁的时效为六十天，而《中华人民共和国劳动争议调解仲裁法》第二十七条规定："劳动争议申请仲裁的时效期间为一年，仲裁时效期间从当事人知道或者应当知道其权利被侵害之日起计算。"在诉讼时效方面也规定："因当事人一方向对方当事人主张权利，或者向有关部门请求权利救济，或者对方当事人同意履行义务而中断。从中断时起，仲裁时效期间重新计算，因不可抗力或者有其他正当理由，当事人不能在本条第一款规定的仲裁时效期间申请仲裁的，仲裁时效中止，从中止时效的原因消除之日起，仲裁时效期间继续计算。"

③有关证据的提供，《中华人民共和国劳动争议调解仲裁法》第三十九条规定："劳动者无法提供由用人单位掌握管理的与仲裁请求有关的证据，仲裁庭可以要求用人单位在指定期限内提供。用人单位在指定期限内不提供的，应当承担不利后果。"第六条还规定："发生劳动争议，当事人对自己提出的主张，有责任提供证据。与争议事项有关的证据属于用人单位掌握管理的，用人单位应当提供；用人单位不提供的，应当承担不利后果。"

第三步：了解就业协议书与劳动合同。

1. 就业协议书

就业协议书全称为《普通高校毕业生就业协议书》，是普通高等学校毕业生和用人单位经双向选择，在规定期限内确立就业关系、明确双方权利和义务而达成的书面协议。简单地讲，就业协议书是学生与用人单位建立就业关系的重要凭据。

就业协议书样式见表6-5。

表6-5 就业协议书样式

定义	样式	
《全国普通高等学校毕业生就业协议书》，简称"就业协议书"或者"三方协议"，是为明确毕业生、用人单位、毕业生所在学校三方在毕业生就业工作中的权利和义务，经协商签订的协议。协议书也是学校派遣毕业生的依据，在学生毕业离校前，学校将根据协议书的内容开具户口迁移证，同时转递学生档案。如果毕业生未签订就业协议书，学校将把其关系和档案转递回原籍。每位毕业生各拥有唯一编号协议书（一式三份），实行编号管理	附件2 四川省普通高等学校毕业生 就业协议书 用人单位：_____ 学生姓名：_____ 学校名称：_____ 专　　业：_____ 四川省教育厅印制 ABC00000001	本协议供普通高等学校应届毕业生在与用人单位正式确立劳动人事关系前使用，由甲方（用人单位）和乙方（高校毕业生）在双向选择基础上共同签订，是用人单位确认毕业生信息真实可靠、接收毕业生的重要凭证，也是高校进行毕业生就业管理、编制就业方案及毕业生办理就业手续的重要依据。甲乙双方基本信息如下： （甲方基本信息：用人单位名称、组织机构代码、单位隶属部门、单位性质：□国家机关 □科研单位 □高等教育单位 □中等教育单位 □医疗卫生单位 □其他事业单位 □国有企业 □外资企业 □民营企业 □其他企业 □基层项目 □部队 □其他；联系人、通信地址、联系电话、E-mail邮政编码、户口接收单位、档案转寄地址、邮政编码） （乙方基本信息：姓名、性别、政治面貌、民族、学历、学制、培养方式、出生年月、学号、本人联系电话、E-mail邮政编码、家庭地址） 学校有关信息及意见（此栏可由学校统一填写）
	甲乙双方按照国家关于高校毕业生就业的相关政策，本着诚信守信原则，经过自愿、平等协商，达成如下协议： 一、甲方如实向乙方介绍本单位及招聘岗位情况，乙方如实向甲方介绍自身情况，双方在充分了解、双向选择基础上，签订本协议。 二、乙方到甲方报到后，甲乙双方须按照国家有关规定签订劳动合同。劳动合同签订后，本协议自动终止。 三、乙方试用期满后，如无被证明不符合聘（录）用条件、严重违纪违章及因违法被追究刑事责任的情况，则应转为正式员工。 四、甲方须按国家有关规定，为乙方缴纳社会保险费，并提供与工作岗位相关的福利待遇。 五、甲方负责协助解决乙方在工作单位所在地落户的问题。如乙方不够在工作单位所在地落户的条件，可经双方协商后，乙方直接回原籍落户，档案随转。 六、甲方在招聘时提供的具有承诺性质的书面宣传材料和乙方应聘时提供的书面自荐材料，均自动作为本协议的附件。 七、本协议经甲乙双方签字（或盖章）后生效。双方须严格履行协议内容，若一方提出违约，须征得另一方同意，并由违约方承担双方约定的违约责任。 八、若因履行本协议发生争议，甲乙双方可通过相互协商、申请调解、申请仲裁或法律途径解决。 九、本协议一式三份，分别由甲方、乙方和学校就业工作部门留存，复印无效。乙方须在签订协议后十五个工作日，将协议交回学校就业工作部门	十、其他约定内容（备注）如下： 甲方招聘意见：　　　　　　乙方应聘意见： 经办人：　　　　　　　　　签字： （单位盖章）　　　　　　　身份证号码： 　　年　月　日　　　　　　年　月　日

就业协议书根据需要可以选择纸签或不纸签，但一定需要网签。在全国网签系统上传或直接签订电子就业协议书
就业协议网签平台：https://wq.ncss.cn（全国高校毕业生毕业去向登记系统）

2. 就业协议的法律效力

就业协议是为明确毕业生、用人单位和毕业生所在学校三方在毕业生就业工作中的权利和义务，经协商签订的协议。当事人必须严格履行协议内容。协议在毕业生到单位报到、用人单位正式接收后自行终止。

就业协议书是一种协议，不等同于劳动合同，但它仍然具备法律效力。首先，它具有约束力：一旦毕业生、用人单位和学校签署了就业协议，该协议即具有法律约束力，各方都必须遵守协议的约定。如果一方违反协议的约定，就需要承担相应的法律责任。其次，它具备证据效力：就业协议可以作为证明双方权利和义务的重要证据。如果发生争议，就业协议可以作为证据用于解决纠纷。最后，它具备一定的法律效力：就业协议是具有法律效力的文书，其法律效力在法律上得到承认和保护。如果违反就业协议的约定，就可能面临法律追究和制裁。

需要注意的是，就业协议的法律效力并不是无限的。具体的法律效力取决于协议的具体内容和适用的法律法规。

3. 就业协议书的价值

就业协议书是毕业生与用人单位建立就业关系的正式凭证，就业协议一旦签署，就意味着大学生第一份工作基本确定了。它也是毕业生毕业后到人事、教育等部门办理就业报到手续的必备材料之一，是户档派遣的重要依据。因此，毕业生必须妥善保管。就业协议书最终签署的合约具有法律效力，因此签约一定要仔细，应届毕业生要特别注重就业协议的签署和保存。

4. 劳动合同

劳动合同又称劳动契约、劳动协议，是调整劳动关系的基本法律形式，也是确立劳动者与用人单位劳动关系的基本前提，在《中华人民共和国劳动法》中占据核心的地位。《中华人民共和国劳动法》第十六条规定："劳动合同是劳动者与用人单位确立劳动关系、明确双方权利和义务的协议。建立劳动关系应当订立劳动合同。"劳动合同有以下三种类型：

（1）固定期限劳动合同（又称定期劳动合同）。固定期限劳动合同，是指用人单位与劳动者约定合同终止时间的劳动合同。用人单位与劳动者协商一致，可以订立固定期限劳动合同。固定期限劳动合同终止时，是否续订在很大程度上取决于用人单位。签订固定期限劳动合同，对于用人单位而言，可获取用工灵活性和降低用工成本，但劳动者的职业稳定感较差。

（2）无固定期限劳动合同（又称不定期劳动合同）。无固定期限劳动合同，是指用人单位与劳动者约定无确定终止时间的劳动合同。用人单位与劳动者协商一致，可以订立无固定期限劳动合同。

许多国家和地区在立法中将无固定期限劳动合同作为劳动合同的一般类型，因为从就业保障的角度看，无固定期限劳动合同对劳动者更有利，尤其是就防止用人单位在使用完劳动者"黄金年龄段"后不再使用劳动者而言，无固定期限劳动合同更有效。所以，《中华人民共和国劳动合同法》第十四条也规定了用人单位应当订立无固定期限劳动合同的情形："有下列情形之一，劳动者提出或者同意续订、订立劳动合同的，除劳动者提出订立固定期限劳动合同外，应当订立无固定期限劳动合同：（一）劳动者在该用人单位连续工作满十年的；（二）用人单位初次实行劳动合同制度或者国有企业改制重新订立劳动合同时，劳动者在该用人单位连续工作满十年且距法定退休年龄不足十年的；（三）连续订立二次固定期限劳动合同，且劳动者没有本法第三十九条和第四十条第一项、第二项规定的情形，续订劳动合同的。用人单位自用工之日起满一年不与劳动者订立书面劳动合同的，视为用人单位与劳动者已订立无固定期限劳动合同。"这里事实上规定了用人单位应当订立无固定期限劳动合同的4种情形。

《中华人民共和国劳动合同法实施条例》第十一条进一步明确规定："除劳动者与用人单位协商一致的情形外，劳动者依照劳动合同法第十四条第二款的规定，提出订立无固定期限劳动合同的，用人单位应当与其订立无固定期限劳动合同。对劳动合同的内容，双方应当按照合法、公平、平等自愿、协商一致、诚实信用的原则协商确定；对协商不一致的内容，依照劳动合同法第十八条的规定执行。"

对于同一用人单位连续工作时间，劳动部办公厅对《关于如何理解"同一用人单位连续工作时间"和"本单位工作年限"的请示》的复函（劳办发[1996]191号）规定："同一用人单位连续工作时间"是指劳动者与同一用人单位保持劳动关系的时间。在计算"同一用人单位连续工作时间"时，不应扣除劳动者依法享有的医疗期时间。在计算医疗期、经济补偿时，"本单位工作年限"与"同一用人单位连续工作时间"为同一概念，也不应扣除劳动者此前依法享有的医疗期时间。这些规定虽然主要是针对经济补偿金而作出的，但其对"连续"的认定具有普遍适用意义。

对于工作年限，《中华人民共和国劳动合同法实施条例》第九条规定："劳动合同法第十四条第二款规定的连续工作满10年的起始时间，应当自用人单位用工之日起计算，包括劳动合同法施行前的工作年限。"第十条规定："劳动者非因本人原因从原用人单位被安排到新用人单位工作的，劳动者在原用人单位的工作年限合并计算为新用人单位的工作年限。原用人单位已经向劳动者支付经济补偿的，新用人单位在依法解除、终止劳动合同计算支付经济补偿的工作年限时，不再计算劳动者在原用人单位的工作年限。"这里的"非因本人原因"，主要是指一些企业特别是国有企业，因资产业务划转、部分并购、重组，或者工作需要等非劳动者方面的原因，以及通过行政命令等方式，将劳动者转移或调往其他用人单位。

对于用人单位不与劳动者订立无固定期限劳动合同的法律责任，《中华人民共和国劳动合同法》第八十二条规定："用人单位违反本法规定不与劳动者订立无固定期限劳动合同的，自应当订立无固定期限劳动合同之日起向劳动者每月支付二倍的工资。"

为减轻用人单位的压力，《中华人民共和国劳动合同法实施条例》第十二条规定了例外情形："地方各级人民政府及县级以上地方人民政府有关部门为安置就业困难人员提供的给予岗位补贴和社会保险补贴的公益性岗位,其劳动合同不适用劳动合同法有关无固定期限劳动合同的规定以及支付经济补偿的规定。"

(3)以完成一定工作任务为期限的劳动合同。以完成一定工作任务为期限的劳动合同,是指用人单位与劳动者约定以某项工作的完成为合同期限的劳动合同。用人单位与劳动者协商一致,可以订立以完成一定工作任务为期限的劳动合同。此类合同实际上也是一种定期的劳动合同,一般用于以下情形:

①以完成单项工作任务为期限的劳动合同。
②以项目承包方式完成承包任务的劳动合同。
③因季节原因临时用工的劳动合同。
④其他双方约定的以完成一定工作任务为期限的劳动合同。

注: 即将毕业的大学生需要特别注意的是,在签订不同期限的劳动合同时,有着不同的试用期时间。《中华人民共和国劳动合同法》第十九条明确规定:"劳动合同期限三个月以上不满一年的,试用期不得超过一个月;劳动合同期限一年以上不满三年的,试用期不得超过二个月;三年以上固定期限和无固定期限的劳动合同,试用期不得超过六个月。同一用人单位与同一劳动者只能约定一次试用期。以完成一定工作任务为期限的劳动合同或者劳动合同期限不满三个月的,不得约定试用期。试用期包含在劳动合同期限内。劳动合同仅约定试用期的,试用期不成立,该期限为劳动合同期限。"

案例分析

小王大学毕业后,就职于一家网络公司,入职时与公司签订了三年期的劳动合同,约定了9个月的试用期,并约定试用期工资为转正工资的80%,转正之后开始缴纳社会保险。公司就业前景良好,小王很满意。但工作三个月之后,在一次同学聚会上,同期毕业工作的同学们纷纷表示都已转正,他们有约定三个月试用期的,有约定一个月试用期的,还有没有约定试用期的,只有小王约定了9个月的试用期,目前仍在试用期期间。小王为此感到很困惑。

分析: 公司与小王签订三年劳动合同,约定9个月的试用期违反了《中华人民共和国劳动合同法》,根据《中华人民共和国劳动合同法》规定,签订三年期劳动合同,其试用期不能超过6个月。小王与公司约定试用期工资为转正工资的80%,只要不低于当地最低工资标准,是合法的。但是公司与小王约定转正之后才缴纳社保是违法的,根据法律规定,试用期包含在劳动合同期限内,缴纳社会保险是用人单位和劳动者的法定义务,用人单位从员工入职当月即应为劳动者依法缴纳社会保险。小王可以要求用人单位为其补缴社会保险,必要时,还可以向当地社会保险机构进行举报。

因此,大学生在签订合同时,在试用期期间应当注意防范以下问题:
(1)试用期过长,超过法律规定的最长期限(试用期最长不超过6个月)。

（2）要求毕业生在试用期承担违约责任（《中华人民共和国劳动法》规定劳动者在试用期可以随时解除劳动合同，不承担违约责任。当然如果给用人单位造成损失的，应负损害赔偿责任）。

（3）在试用期内无正当理由辞退毕业生（《中华人民共和国劳动法》规定，用人单位在试用期内单方解除劳动合同，必须是劳动者被证明"不符合录用条件"）。

（4）约定2个试用期（进入同一个用人单位，试用期只能有一次）。

（5）试用期工资低于当地的最低工资（试用期工资虽然可以低于正常工资，但不能低于当地的最低工资）。

（6）试用期内不缴纳社会保险。

5. 就业协议书与劳动合同的区别

（1）法律依据不同：就业协议书是由教育部为高校学生统一制定的，是高校应届毕业生在就业过程中签订就业协议的一种书面合同。劳动合同的依据是《中华人民共和国劳动合同法》。

（2）目的不同：就业协议书主要体现毕业生情况和意见、用人单位情况和意见及学校意见。劳动合同的目的，是指劳动者同企业、事业等用人单位确立劳动关系，明确双方权利和义务的协议。

（3）内容不同：就业协议书内容主要是毕业生如实介绍自身情况，并表示愿意到用人单位就业，用人单位表示愿意接收毕业生，学校同意推荐毕业生并列入就业计划进行派遣。劳动合同的内容涉及劳动报酬、劳动保护、工作内容、劳动纪律等方方面面，劳动权利义务更为明确。

（4）时间不同：就业协议书签订时间在劳动合同签订之前。

（5）时效不同：就业协议书约定仅指学生在毕业后到用人单位去工作的一份书面合同。劳动合同规定以书面形式订立，其中载明合同的期限、工作内容、劳动保护和劳动条件、劳动报酬、劳动纪律、合同终止等条款，对双方当事人具有法律约束力。

案例分析

应届毕业生王某与某企业达成工作意向，双方签订了就业协议书，一个月后，王某毕业并顺利进入用人单位开始工作。但该用人单位始终不愿意与小王签订劳动合同，王某得到的答复是：双方在就业协议书中并没有明确要求何时签订劳动合同，更何况关于工资、劳动期限等条款在就业协议书中已有约定，双方没有必要为此再另行签订劳动合同。王某觉得双方确实没有约定什么时候签订劳动合同，而用人单位不签劳动合同似乎也有道理，就不再向用人单位提起此事，不料一日王某忽然被裁员，公司一分赔偿金也没给，王某后悔莫及。

分析：就业协议书与劳动合同存在着不同，就业协议书作为一份简单的格式文本，很多工作岗位、工作条件等劳动合同必备条款并不在就业协议书中直接体现。因此，单凭就业协议书不能全面保障毕业生正式就业后的劳动权利。毕业生与招聘单位应当在就业协议中写明签订正式劳动合同的时间，同时，毕业生也要积极与企业签订劳动合同，以保障自身权益。

知识拓展：大学生的职业生涯规划三角模式

知识拓展：大学生职业生涯规划衍生模式

下 篇

辅导手册

职（学）业规划辅导手册
三层三阶贯穿式辅导手册
（实践篇）

　　这是一份职业发展的辅导手册，当然，现在对于作为大学生的你来说，应该称为学业发展辅导手册更为合适。在大学期间，我们将持续地对大学生进行辅导和帮助，在不断地帮助学生解决实际困难的同时，让学生更好地掌握职业规划的思维与技能，更好地在大学中学习与成长，从而能够让学生在未来得到更好的人生发展，走向成功幸福圆满的人生！

　　在上篇的必修课程中，我们学习了职业规划，并最终通过一份"大学学业规划书"的训练来理解职业规划方法。大学学业规划书与职业规划的思维过程、步骤和方法都很接近，首先，请你回想学业规划的步骤。

第一步：_____

第二步：_____

第三步：_____

第四步：_____

第五步：_____

第六步：_____

实践单元一
自我认知与管理

大学一年级

内部环境的梳理、改善与提升；
自我认知与自我评估；
自我管理与自我提升。

项目一　自我认知分析报告

第一学期

本学期辅导重点：帮助学生进行系统性的自我认知与评估。
请初步评估自己，越全面越好！（注意结合学业规划书中的自我分析）

在自我评估时，你最大的困惑是什么？写在下面。

辅导教师反馈与心得：

任务 1 我的兴趣

第一步： 回顾上篇中的兴趣探索内容，我的霍兰德岛屿兴趣测试结果是：_____

我对这个结果的理解：(写关键词)

回想我的过往，有哪些事情是我一直喜欢做的？写出喜欢做的原因（写关键词）

抛开我的能力，我最想从事的工作是什么？写出喜欢的原因（写关键词）

第二步（整合）： 综合看上面三个表格，有哪些关键词或意思接近的词语多次出现，把它们圈出来。这些词语很重要。有很多工作也与这些关键词相关。

	对兴趣部分，我有什么疑惑？写下来，与辅导教师交流
	教师辅导后的记录与收获：

请回顾我的学业规划书之"自我认知"的兴趣部分，如果需要调整，请及时更改调整。

资源链接：（兴趣平台测试）

http：//www.xjy.cn/ceping/ 新精英生涯

https：//www.chsi.com.cn/ 学信网

★学业规划书完成到哪一步了？一切顺利吗？有什么困难，可以与教师交流。

学业规划书完成到：_____
_____

有哪些问题？_____
_____

解决方案：_____

按照学业规划书计划，接下来将完成什么内容？何时完成？

	完成内容： 时间约定：

注：学业规划书是否需要调整？

任务 2　性格探索

第一步：说到性格，你想到什么？

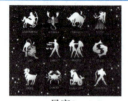
星座？

表情？脾气？习惯？

血型？

你想到：

第二步：回顾上篇中的性格探索内容，我的性格测试结果是：_____。

测评结果对自己性格的描述：(写关键词)

周围的小伙伴和亲人对自己性格的描述：

我对自己性格的描述：

第三步（整合）：综合看上面的表格，有哪些关键词或意思接近的词语多次出现，把它们圈出来。这些词语很重要，有很多工作也与这些关键词相关。

	对性格部分，我有什么疑惑？写下来，与辅导教师交流
	教师辅导后的记录与收获：

请回顾我的学业规划书之"自我认知"的性格部分，如果需要调整，请及时更改调整。

资源链接：

http：//www.apesk.com

https：//www.16personalities.com/ch（外网版）

https：//www.chsi.com.cn/ 学信网

★学业规划书完成到哪一步了？一切顺利吗？有什么困难，可以与教师交流。

学业规划书完成到：_____

_____

_____

_____

_____

有哪些问题？_____

_____

_____

_____

解决方案：_____

_____

_____

_____

按照学业规划书计划，接下来将完成什么内容？何时完成？

	完成内容： 时间约定：

注：学业规划书是否需要调整？

任务 3　价值观探索

第一步：价值观想象

1. 如果我有 1 000 万美元，我将_____。
2. 如果我只剩下 24 小时的生命，那我将_____。
3. 我将给我的孩子的忠告是_____。
4. 假如我能改变自己一样东西，那么它将会是_____。
5. 我死后，希望人们给我的评价是_____，我的墓志铭上写着_____。
6. 广场中央我的广告牌上面写着_____。
7. 在一生中最想要的是_____。

第二步：请将以上的关键词与你上篇中做的"价值观探索"训练的 8 个关键词作比较，那些重复的、意思相近的就对你很重要！

第三步：请再次按照你看重的重要程度顺序写下你最看重的 8 个价值观。

视频资料：价值观探索

价值观探索平台：https://www.chsi.com.cn/ 学信网

	对性格部分，我有什么疑惑？写下来，与辅导教师交流
	教师辅导后的记录与收获：

请回顾我的学业规划书之"自我认知"的价值观部分，如果需要调整，请及时更改调整。

★学业规划书完成到哪一步了？一切顺利吗？有什么困难，可以与教师交流。

学业规划书完成到：_____
_____

有哪些问题？_____
_____

解决方案：_____
_____

按照学业规划书计划，接下来将完成什么？何时完成？

	完成内容： 时间约定：

注：学业规划书是否需要调整？

视频资料：敦煌守护人常书鸿

任务 4 能力探索

第一步：自己的专业知识技能的发现探索（相关概念请查看教材上篇部分）。

你大学学习的是什么专业？ _____
_____

你的专业课有哪些？ _____
_____

除专业课外，你还选修了哪些课程？ _____
_____

你参加过哪些相关培训？ _____
_____

你最近在看什么书？ _____
_____

你最近主要关心什么新闻或主要看的信息内容是什么？ _____
_____

第二步：完成下列表格。

在高中或大学学到的知识	在社团和实习中学到的东西	在会议/培训/讲座中学到的东西	在家中学到的东西：读书/自学课程	休闲时学到的东西：志愿工作/爱好等/看电视

专业知识技能的获得途径和方法：

在校教育

业余辅导，自学相关课程

专业会议，讲座，研讨会

资格认证考试培训

岗前培训，在职教育

业余爱好，娱乐休闲，社团活动，家庭职责

第三步：完成以下训练。

自己迁移技能的发现与探索（相关概念请查看教材上篇部分）：

你参加过哪些社会实践或是社团活动？ _____
_____
_____
_____

请用5～10个动词来概述你的一些能力。_____
_____
_____
_____

你觉得自己最突出的能力有哪些？_____
_____
_____
_____

哪些能力使你能够胜任一项工作？_____
_____
_____
_____
_____

我在参加过的社会实践中能做什么？（如果没有，请给自己计划参加一次体验下）	参加了哪些社团？在社团中都能做什么？	在我日常的生活和经历中，我都能做什么？我擅长什么？

可迁移技能的获得途径：

多参与实践与活动，归纳总结积累经验

多观察学习，多体会

专业的通用能力训练

业余爱好，娱乐休闲，社团活动，团队活动

第四步：自我管理技能。

自我管理技能是一种品质，并非一项能力。个体在不同的环境下如何管理自己？如敬业、抗压、工作热情、自信等（积极 / 耐心 / 服务意识 / 踏实）。

小训练：你愿意和什么样的人共事？
_____
_____

（有没有发现，你愿意共事的人往往是品质比较好的人，也就是自我管理比较好的人，例如，你可能不太愿意和一个经常迟到的人共事。因此，自我管理技能往往是团队合作、人际关系的一个重要因素）

训练一：

请用 5 个形容词来描述你的优点。_____
_____

在教师眼里，你是一个什么样的学生？_____
_____

你的同学通常怎么评价你？_____
_____

通常，你给人留下最深刻的印象会是什么？_____
_____

你觉得自己身上最明显的特点是什么？_____
_____

训练二：

我的 10 个优点	同学与好友眼中的我	教师与亲人眼中的我

自我管理技能的获得途径和方法：

榜样的力量，心中建立标杆人物

观念的多元化，关注他人的评价

自我认知的提高，擅于发现自己的自我管理技能薄弱的地方

意志力的培养

业余爱好，娱乐休闲，社团活动，团队活动

认知 + 改善 / 提升 + 积累，最终形成一种习惯（习惯是自我管理技能的行为表现，自我管理技能的提升最终是在习惯层面的改变中表现出来的）

第五步：自我能力探索总结。

能力种类	自我评价
知识性技能	
可迁移能力	
自我管理技能	

关于自我效能感

个人对自己的能力，以及运用该能力将得到何种结果所持的信心或把握度。研究发现，在实际生活和工作中，对个人行为起决定作用的，往往不全部是个人实际能力的高低，个人的自我效能感同样有着重要作用。

小组讨论：

（1）三种技能的关系，每种能力在个人的职业发展中起到什么作用？

（2）三大技能的提取哪个最容易？哪个最困难？如何提高三项能力？

（3）三大技能的关系；在自己专业上，三大技能模型是怎样的？

对性格部分，我有什么疑惑？写下来，与辅导教师交流一下吧

教师辅导后的记录与收获：

请回顾我的学业规划书之"自我认知"的能力探索部分，如果需要调整，请及时更改调整！

★学业规划书完成到哪一步了？一切顺利吗？有什么困难，与教师交流一下吧！

学业规划书完成到：_____

有哪些问题？_____
_____
_____
_____

解决方案：_____
_____
_____
_____

按照学业规划书计划，接下来将完成什么？何时完成？

完成内容：

时间约定：

注：学业规划书是否需要调整？

注：资源部分暂时先不考虑，会在外部环境探索部分中与这个点结合

视频资料：我的"自我寻找之旅"

视频资料：自我认识分析工具——乔哈里窗理论

寒假计划：实践与体验

你大学的第一个寒假到来了，千万要利用好。在寒假期间，请和辅导教师约定，在寒假期间完成下面一个任务，这对你的未来发展是有很多帮助的，大概如下（选一项即可）：

（1）你可以做一份兼职工作，兼职工作完成后，你需要思考这份兼职工作有没有帮助你更好地认识了自己？这份兼职工作提升了你的哪些能力呢？试着用我们学过的能力分类来分别描述。

（2）你可以参加一些活动。

（3）你可以参加一个培训班。

（4）你可以阅读两本人物传记，总结他们是怎么认识自己并提升自己的。

（5）你可以帮助爸爸妈妈做家务，如承包了买菜或做饭或打扫卫生之类的事情，在这些体验中你有没有重新认识自己呢？是属于善于坚持的还是三天打鱼两天晒网的？

也可以自己安排一项任务。

想好了与辅导教师沟通，确定后，请写在下面。

我的寒假计划是： _____

寒假任务点滴记录
完成寒假任务的过程中，有哪些点滴心得，哪些事情值得记录下来，都可以写：

项目二　自我成长计划

第二学期

本学期辅导重点：自我管理与自我提升。

同学们，新学期开始了，请先将你的寒假实践体验任务进行简单介绍，一定要让辅导教师了解。

寒假任务的介绍	我的心得体会

我在哪些方面对自己有了新的认识？

我提升了哪些能力？

任务1 我的学习管理计划

第一步：理解自我管理。

人最大的敌人就是自己,人往往许多事情都是要突破自己,自己一生成为什么样子,最根本的原因在于自身,所以我们需要为自己负责,知道自己想做什么,怎么做。那么我们就要管理好自我,养成自我管理的习惯,提升自我管理的能力。

(1)先处理好情绪,再处理事情;
(2)管理好时间,不能肆意挥霍;
(3)保持良好的心态,心怀希望;
(4)凡事不拖延,今日事今日毕;
(5)保持竞争力,投资能力;
(6)坚持运动,保持良好的身体状况;
(7)列出目标,做一个有目标的人;
(8)对财富进行管理。

第二步：角色认知。

若想很好地进行自我管理,首先,我们需要对自己的角色进行认知,这很重要。

角色罗盘

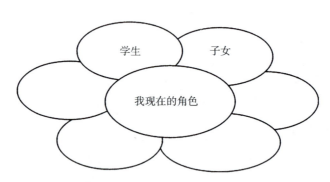

第三步：这些角色赋予了我什么样的责任,我需要完成的事情或目标。

在不同的角色上我的责任及我希望完成的目标
学生：
…
…

请记住这些目标，它们将被列入后面的职业规划中。

案例分享：阿鑫的故事

根据能力提升计划（本学期）对自己的能力进行评估，并制订能力提升计划。

能力提升计划（本学期）

能力类型	具体能力	提升计划与具体行动（辅修课程/培训）	目的
知识性			
可迁移能力			
自我管理技能			
辅导教师建议：			
执行过程中的问题记录、与辅导教师沟通记录：			

★学业规划书完成到哪一步了？一切顺利吗？有什么困难，可以与教师交流。

学业规划书完成到：＿＿＿＿＿＿＿＿＿＿＿＿＿＿＿＿＿＿＿＿＿＿＿＿＿＿＿

有哪些问题？＿＿＿＿＿＿＿＿＿＿＿＿＿＿＿＿＿＿＿＿＿＿＿＿＿＿＿＿＿＿

解决方案：＿＿＿＿＿＿＿＿＿＿＿＿＿＿＿＿＿＿＿＿＿＿＿＿＿＿＿＿＿＿＿

按照学业规划书计划，接下来将完成什么任务？何时完成？

	完成内容：
	时间约定：

注：学业规划书是否需要调整？

任务 2　我的时间管理

第一步：了解时间管理四象限法。

```
                         紧急 ↑
         │
第二象限：紧急但不重要      │   第一象限：重要且紧急
处理方法：交给别人去做      │   处理方法：立即去做
饱和后果：忙碌且盲目        │   饱和后果：压力无限大
原则：适当授权              │   原则：越少越好
─────────────────────────┼─────────────────────────→ 重要
第三象限：不重要也不紧急    │   第四象限：重要但不紧急
处理方法：最后才做          │   处理方法：有计划去做
饱和后果：浪费生命          │   饱和后果：忙碌但不盲目
原则：可以当休养生息        │   原则：集中注意力去处理
```

第二步：完成小训练。

罗列出你准备要做的 20 件事情（今天、近期与远期的都可以）。

第三步：尝试将这 20 件事情对位放入"四象限"。

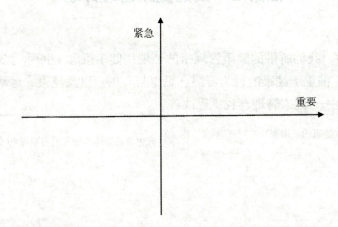

第四步：请根据我们学过的四象限法原则，为这 20 件事情进行时间计划的安排（只罗列大概的先后顺序和对应的策略就可以）。

时间管理方法：一天的时光（请连续记录出你普通一天的时间与事情，8 点至 23 点）。

时间	事件	备注
8：00—		

请回看自己的时间记录表，你觉得哪些时间可以充分利用？

任务3　我的健康管理计划

在职业发展中，我们所讲的健康管理指的是现代健康概念（生理、心理和社会适应能力更和谐地发展），偏重于健康的行为习惯、思想与心理，以及健康的运动管理。

完成自我管理——健康管理自我反思改善表。

回想自己有哪些不太健康的习惯呢？（如不吃早餐、很少运动等）	回想自己有哪些健康的习惯呢？（如坚持吃早餐）

给自己一些健康管理的建议与相关计划：（要坚持执行）

暑假计划：实践与体验

愉快的暑假到了，暑假的时间是比较长的，大家千万要利用好。在暑假期间，请和辅导教师约定，在暑假期间完成下面一个任务，这对你的未来发展是有很多帮助的，任务内容大概如下（选一项即可）：

（1）你可以做一份兼职，兼职完成后，你需要思考这份兼职工作有没有帮助你更好地认识了自己？这份兼职工作提升了你的哪些能力呢？试着用我们学过的能力分类来分别描述。

（2）你可以参加一些活动或一些行业展会。

（3）你可以去认识、联系一些你所学专业的优秀师哥师姐，或行业内的有着丰富工作经验的工作者，跟他们进行一些关于本专业或本职业的交流，了解一些相关的职场信息。如主要工作内容、晋升渠道、职业未来发展展望等。

（4）需要去调查你所期望的工作岗位的招聘条件。

想好了与辅导教师沟通，确定后，请写在下面。

我的暑假计划是：_____
_____
_____

暑假任务点滴记录

完成暑假任务的过程中，有哪些点滴心得，哪些事情值得记下来，都可以写一点：

实践单元二
外部环境分析与目标决策

大学二年级

外部职场环境的探索、评估与决策。

项目一　外部环境分析报告

第三学期

本学期辅导重点：外部环境探索与分析评估。

任务 1　专业可行性发展分析

第一步：主修专业的解析。

课程科目与能力双向分析表

课程科目	主要能力	能力类别	可以从事的工作

填表说明：

（1）"课程科目"为所学课程名称；"主要能力"为本课程主要培养的能力，只填一项最主要的能力；"能力类别"只填字母（专业技能 Z；通用能力 T；自我管理技能 W。此能力分类知识请看"自我探索——技能探索"单元的知识点）；"可以从事的工作"为本课程所培养的技能可以从事什么工作。如果没有对应工作，就留白。

（2）不能确定的部分，需要进行充分调研，务必保证写下的内容客观并准确。

第二步：主修专业未来可发展职业思维拓展：

经过上表的分析，请再次与同学、教师及相关工作人员进行交流，最终总结出我所学的专业未来可以从事的工作有哪些？（越多越好，但要注意客观性、真实性及社会需求性）

任务 2　就业目标初步分析

在这里，我们将为自己初步确定若干项可行的职业发展的目标，这对你非常重要，这些目标是通过系统的分析而做出的，请你务必认真完成，这是一项非常重要的技能，也是一种非常重要的思维逻辑，而且是理性职业决策中不可缺少的环节。

罗列毕业后选择的大方向（升学、就业或创业）：＿＿＿＿＿＿＿＿

★请使用我们前期的决策方法首先选择出第一层的目标（将对应目标圈起来）。

★下面将以"就业"目标为例，讲解第一层职业目标确定的步骤与思维过程，其他两个选项也可按此步骤思考。

（1）内部环境条件整体分析（N）（结合第一阶段的自我探索部分）。

我的职业兴趣		自己的性格特点	我的能力特长
我期待的工作和工作环境（如工作方式、内容、工作关系、管理理念等）		内部环境条件分析（自身条件）	我的优势（如某些资源、某些特质）
我看重并期待满足的价值观：			

（2）外部环境——家庭支撑分析（J）。

家庭、亲人、朋友的支撑条件分析	家人对你工作的期待，期望你做什么？	
	家人/亲人/朋友在哪些方面可以对你有所支撑或帮助？	
	其他支撑条件	

（3）外部环境——专业技能支撑分析（X）。

主修专业可从事的工作（注意包含前面的专业可行性职业拓展所包含的工作）	备注

（4）请结合以上三个条件分析，写下自己初步确定的职业发展目标（不低于3个，不高于5个，部分专业由于其特殊性，具有岗位唯一性特征，这部分专业学生可以只写一个职业发展目标）。

结构图如下：

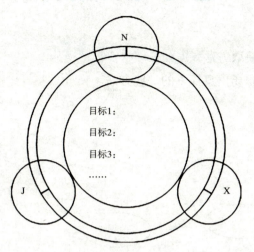

升学	就业	创业

就业目标1	就业目标2	就业目标3	就业目标4	就业目标5

任务 3　职场环境分析

第一步：职场信息获取方法。

（1）知识点回顾：职场信息探索的一些方法。

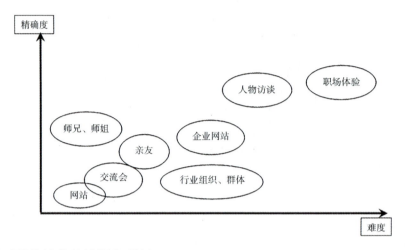

（2）对于职业链条的认识和理解：

产业 > 行业 > 职业 > 岗位

第二步：系统化的职场信息分析。

无论着眼于链条的哪一个环节，我们都必须从一个岗位切入进链条，所以，将从一个岗位开始进行分层、系统的职场信息分析。

（1）完成下列图标（A 代表你的目标岗位；B 代表岗位所属职业；C 代表职业所属行业）。

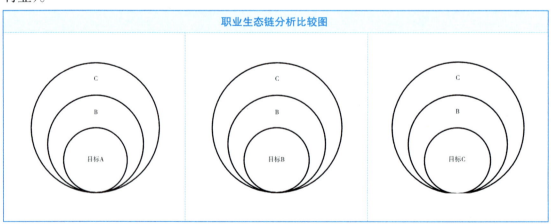

（2）请对目标岗位进行调研，要求信息客观、真实、准确。

调研内容＼岗位名称			
入职要求（招聘条件）			
主要工作内容			
主要应用的能力			
证书、学历相关要求			
工作时间			
实习的薪水和转正后的薪水（平均）			

（3）对所属职业进行调研。

调研内容＼职业名称			
职业晋升的岗位链条（如小学—初中—高中—大学）			
职场从业人员的基本情况（平均学历、主要专业）			
职场人员整体的工作稳定性			
职场从业人员需要的主要能力（核心能力）			
职业在行业中的所属地位及主要价值			

（4）对所属行业进行调研。

在职业生态链条中，行业是最重要的层面，个体的职业发展速度，在很大程度上受行业发展的影响非常大，所以，研究行业发展状况及趋势，是职业发展中很重要的部分。

调研内容＼所属行业			
行业中的龙头企业是哪3家？			
这3家企业各有什么特点和优势？			
行业的整体经济规模			
行业的发展趋势			
行业与国家发展、国家政策、社会需求的紧密度			

第三步：完成自己的职场环境分析报告。

寒假任务：职业目标的探索（调研）与发现

这次寒假，我们将利用宝贵的假期时间，对自己初步设定的职业发展目标进行初次探索（调研），探索方法请结合大学一年级"职业规划课程"中的职场探索（调研）方法进行。

任务描述：请对自己初步确定的职业目标进行职场信息探索（调研），内容包括岗位的入职要求、主要工作内容、工作方式、工作初期的薪水待遇、晋升条件、职业所属行业等基本职业信息，然后形成职场调研总结。

实践单元二　外部环境分析与目标决策

目标一　总结

目标一
职场调研总结：（简要书写，涵括要点，保证客观、真实、准确，是真实职场的反馈）

目标二　总结

目标二
职场调研总结：（简要书写，涵括要点，保证客观、真实、准确，是真实职场的反馈）

143

目标三 总结

目标三	
职场调研总结：（简要书写，涵括要点，保证客观、真实、准确，是真实职场的反馈）	

（如果多于 3 个目标，可另附纸张，加在本页处）

项目二 职业目标决策

第四学期

本学期辅导重点：决策的方法；路径的构建与计划。

任务 1 职业目标决策

第一步：明确职业发展目标（决策）。

我们已经做了很多职场信息调研方面的工作，此时你的视野和思维已经发生了很大的变化。"职场信息库"已经在你的大脑中有了初步的形成，这个基础信息库的建立及你对这种职场信息探索的意识和相关思维与技能的掌握，将为你未来的职业发展贡献出你难以想象的力量。在职业发展的过程中，一定要记着持续地进行职场信息探索。

此时，我们需要完成接下来的一项重要任务，就是需要将前期明确的几个职业发展目标再次进行选择，选出其中一个目标作为目前的职业发展目标，这个目标也是我们就业、择业的目标支撑。

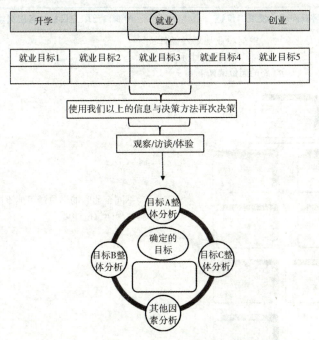

第二步：将最终确定的目标写下来，同时写下一个备用目标。

主要就业目标_____ 备用目标_____

任务 2　围绕主要就业目标进行达成路径计划

第一步：认真阅读以下内容。

关于职业发展目标：从时间的维度来看，职业发展目标有短期目标、中期目标和长期目标之分。短期的目标一般是离我们比较近的目标；中期目标是我们达到某一阶段效果的目标；而长期目标是我们一个长期发展的方向。短期目标通常需要以长期目标为依据；而中期目标是从短期目标到长期目标之间的效果评估和调整的结点；而长期目标则需要多个短期目标和逐层的中期目标的完成而实现的。从中可以发现，长期目标并不是短期内就非常明确的，但需要明确一个方向，缩至一定的范围，这样才能给予中期目标和短期目标指引。因此，长期目标是在不断地进行短期目标的完成和中级目标的达成的过程中逐渐清晰并定型的。但不可否认，长期目标越早形成且越清晰，则个体职业发展成功的概率也越高。以上是从职业发展角度所确定的职业目标而讲的，如果扩充到更长远的人生生涯目标，则是个体在不断的人生经历中不断地认识自己、了解自己，同时，根据外部环境的变化和对外界的不断认识、理解，从而逐步明确的。

第二步：搭建岗位阶梯链（要求客观、真实）。

无论你的就业目标是什么，它一定属于某一职场目标轴之中，现在，我们将完善你的职业目标所属的目标轴。

搭建岗位阶梯链（力求客观、真实）

雅诗兰黛美容顾问职业发展岗位链	绘制自己职业目标的各层岗位链（职业发展路线）
学生小Q是形象设计专业学生，根据职业规划发展计划，她在第四学期确定了成为一名彩妆师的职业目标，并期望进入雅诗兰黛公司，其职场线路的岗位链如下 美容顾问（BA）→ 柜台小老师 / 柜台小彩妆师 → 柜长 / 柜长 → 培训师/销售主管/SOP主管 / 彩妆师 → C/B/A首席 资料来源：雅诗兰黛公司招聘宣讲	不同企业间的岗位链可能不同，你可经过调查，绘制常规岗位链即可

注：无论我们的目标岗位在哪个位置，我们都需要找出它的最初岗位，即切入岗位，示例中的小Q同学，她的职业发展目标是成为一个彩妆师，但她需要从美容顾问这个岗位切入，然后开始自己的职业发展，我们将这个岗位称为切入岗位，一般就是就业岗位，这个岗位会成为我们就业准备的依据（不同的同学由于能力差异或公司本身的职场路线差异，会造成切入岗位的不同，这个不重要，其重点是找到自己能够切入进职场链的岗位）。

第三步： 请围绕你搭建的岗位阶梯链最底一层进行计划，其目的是让你通过自己的计划与行动可以达到这一阶梯目标。

暑假任务：职业目标的探索（调研）与发现

这将是你大学期间的最后一次假期任务了，恭喜你，这个时候的你与刚入大一时候的你发生了很多变化，变得更成熟、更理性了。这次暑假，我们将利用宝贵的假期时间，对自己已经确定的岗位目标进行深入调研，如果你有机会能够亲身体验相关的工作，那会更好。

任务描述与要求（根据自身条件选择完成）：
（1）体验目标岗位的工作或相关工作。
（2）参加与目标岗位相关的培训或相关活动。
（3）访问一位或多位在目标岗位工作多年的工作者。
（4）对岗位的工作场景进行观察记录。
无论你选择的是哪一个任务，都需要完成一份总结，开学时，辅导教师会与你沟通。

＿＿＿年＿＿＿月暑假任务总结

实践单元三
就业准备

本学期辅导重点：求职准备、简历撰写、面试、就业政策及就业协议签订。

任务1 求职准备

本学期将进入社会，开启自己的职业生涯，一部分学生会就业，进入自己准备了很久的岗位，还有一些学生会创业，当然还会有一些学生选择升学继续深造，但无论哪一个选项，我们都会进入一个新的生涯阶段，我们已经为此做了很多准备，这个学期我们将为进入这个新阶段做最后的更具体的准备，尽最大可能达到我们的预期目标。

第一步：完成"成功求职的条件分析表"。

序号	必备条件	要素	评估规则	个人条件详细状况分析
1	目标和策略	目标定位	1. 要有明确的初、中、高目标层次 2. 至少要在岗位或专业要求、薪酬、工作环境、个人发展等方面有定性和定量要求	
		策略	1. 要有实现目标的基本原则 2. 要有实现目标的时间要求 3. 要有实现目标的基本手段	
2	途径和方法	求职途径	要有至少3种明确的求职途径	
		实施方法	要至少针对3种求职途径，提出具体的实施方法	
3	个人条件	人格和能力	具有能够满足用人单位需要的职业人格和能力	
		经验	具有能够满足用人单位需要的职业经验	
		学历	具有能够满足用人单位需要的学历	
		社会关系	具有能够帮助自己就业的社会关系	
		其他	具有求职能力、外貌、言语等有助于求职的条件	
4	就业环境的掌握	本地区就业信息的掌握	要对本地区总体就业情况和求职意向所涉及的岗位信息有所了解	
		其他地区就业信息的掌握	要对其他某地区总体就业情况和求职意向所涉及的岗位信息有所了解	

第二步： 对目标岗位入职条件进行分析。

我们将再次调查入职岗位的应聘条件，此次越具体、越详细越好。当然，如果此时我们有了自己比较明确的就业企业是最好的，我们可以对自己有意向的一个或若干个企业其招聘的岗位的条件进行针对性的调查和研究，这样会更方便、更准确地为我们的应聘做好准备，应聘成功概率也会大大增加。

目标岗位入职条件调研

入职条件	目标岗位	备注
专业技能要求		
素质要求		
证书与经验		
……		

注：创业学生调研创业所需条件；升学学生调研升学相关要求与条件。

第三步： 对应的准备。

我们已经对入职条件进行了系统且详细的调研，接下来将针对性地进行准备，提升自己入职成功的概率。

目标岗位入职准备

入职要求＼准备情况	我目前具备的条件	需要准备或提升的	完成时间
1.			
2.			
3.			

任务 2 简历的撰写与面试

当我们完成了以上这一系列的工作之后，目前应聘对我们来说基本上十拿九稳了，可以说是万事俱备，只欠东风了。目前，这个"东风"是什么呢？就是我们需要一份合适的简历和比较棒的面试（以往的经验告诉我们，前期的工作做得越好，准备得越充分，简历的书写、面试表现就越好）。

第一步：首先，我们需要有一个自己的求职时间表。

内容	时间	备注
准备求职的时间安排		需要配合求职渠道的时间规律：如果依靠学校的招聘，请提前调查校招时间；若自己求职，请提前了解对应企业的招聘时间
简历准备完毕的时间		包括简历的书写、对应资料的准备（如你曾经在某公司做过兼职，可以去申请一份工作证明）、证书复印件等
简历投递计划		准备投递哪些公司？简历需要的份数？

第二步：简历撰写。

简历书写：简历的书写方法请根据本书上篇"简历撰写"章节部分的内容完成。简历完成后，最好请辅导教师指导，并与辅导教师充分交流，从而更加完善自己的简历。

简历撰写与辅导教师的沟通记录

第三步：简历投递。

简历投递前需要提前了解招聘企业的基本情况，切勿盲目投递或海量投递，有很多企业是宣讲，简历投递，面试一起完成的。

关于面试：面试的技巧请根据"就业指导"课程学习。值得注意的是，面试结束后，你有任何困惑请与辅导教师充分交流，从而帮助自己顺利入职。

任务3 面试技巧

当简历投递完成后，我们将进入面试环节，让教师帮助你对面试做一些准备。

第一步：了解面试流程。

面试分为面试前、面试中、面试后三个环节。

第二步：面试前的准备。

对面试的岗位和企业做进一步的深入了解，这有助于你的面试。

根据求职岗位进行准备，如穿戴、妆面等，要与求职岗位吻合；准备好相关展示资料一定要提前10～15分钟到达面试地点，预先给可能发生的意外留足时间。

面试前，先尝试对所要被问到的问题和答案进行一次预演，做到心中有数，有助于缓解心理压力。

第三步：面试中。

面试中注意事项可以查看本书上篇中的面试章节，有具体介绍，在这里需要的是模拟一次面试（辅导教师组织完成）。

模拟面试完毕后，请你根据教师的建议调整面试中的不足。

第四步：面试后。

面试后礼貌离开；可以索要联系方式，必要时可主动联系企业，询问录用情况。

拓展知识：就业协议签订、合同签订。

就业协议书是由当地教育主管部门统一制定的，使用方法在本书的上篇"掌握就业协议书与劳动合同的签订"一章中有详细说明。就业协议不等同于劳动合同。在签订中我们要注意几个关键点：何时签订劳动合同？试用期限多久？签订正式劳动合同的条件及待遇是什么？违约责任有哪些？还有面试中企业口头的承诺等都要写入协议中，以保障双方的利益。

结束语：恭喜你，此时此刻，你应该已经拿到了一份自己心仪工作的录用函，你需要按照协议规定的时间到企业报道（注意将自己的报道证、档案等相关资料提前按要求做好）。你将开启自己的职业生涯，在以后的职业生涯发展中，请不要忘记所学的职业规划技能和思维，希望这些技能能使你长期受益，帮助你更好的发展，在这期间，你有任何职业发展的困惑都可以与辅导教师沟通交流，最后，预祝你职业发展成功！

参考文献

［1］金树人. 生涯咨询与辅导 [M]. 北京：高等教育出版社，2007.
［2］林清文. 大学生生涯发展规划手册 [M]. 台北：心理出版社股份有限公司，2011.
［3］钟谷兰，杨开. 大学生职业生涯发展与规划 [M]. 上海：华东师范大学出版社，2016.
［4］刘永亮，卢文澈. 职业生涯规划与就业指导 [M]. 西安：西安交通大学出版社，2021.
［5］涂春艳，马洪玲. 职业发展与就业指导 [M]. 北京：中国民主法制出版社，2023.